SPSS를 이용한
설문지
작성과 분석

민대기 지음

한·
나·래
아카데미

SPSS를 이용한
설문지 작성과 분석

2018년 1월 15일 1판 1쇄 박음
2018년 1월 25일 1판 1쇄 펴냄

지은이 | 민대기
펴낸이 | 한기철

펴낸곳 | 한나래출판사
등록 | 1991. 2. 25. 제22–80호
주소 | 서울시 마포구 토정로 222, 한국출판콘텐츠센터 309호
전화 | 02) 738–5637 · 팩스 | 02) 363–5637 · e–mail | hannarae91@naver.com
www.hannarae.net

ⓒ 2018 민대기
ISBN 978–89–5566–210–8 93310

* 이 도서의 국립중앙도서관 출판예정도서목록(CIP)은 서지정보유통지원시스템 홈페이지(http://seoji.nl.go.kr)와
국가자료공동목록시스템(http://www.nl.go.kr/kolisnet)에서 이용하실 수 있습니다.(CIP제어번호: CIP2018001328)
* 불법 복사는 지적 재산을 훔치는 범죄 행위입니다. 이 책의 무단 전재 또는 복제 행위는 저작권법에 따라 5년 이하의
징역 또는 5000만 원 이하의 벌금에 처하거나 이를 병과할 수 있습니다.

* 이 저서는 2016년 덕성여자대학교 학술연구비 지원을 받아 연구되었습니다.

　자료를 근거로 하여 하고자 하는 이야기를 이끌어가는 것이 현대를 살아가는 사람들에게 거의 필수적인 것이 되었다. 통계학은 자료를 수집하고 정리하고 분석하는 것이라고 누군가가 학문에 대한 정의를 하였지만, 비단 통계학 분야가 아니더라도 지금 이 시대는 거의 모든 분야에서 자료 정리를 통해서 내용을 전개하는 것이 일반적인 일이 되었다.

　보고서나 논문작성에서 데이터 처리는 필수적인 과정이고, 자료분석을 위해서는 자료의 수집과 정리가 필연적으로 수행되어야 한다. 하지만 데이터를 많이 접해보지 않은 사람들은 데이터 처리를 위한 작업이 요구될 때 힘들어하는 경우가 많다. 그것은 대부분의 분석에는 상당한 통계적인 지식이 요구되기 때문이다. 그래서 통계학을 모르면 데이터 처리를 하지 못하는 것으로 생각하는 사람들이 많다. 그러한 생각에 대한 벽을 허물고자 필자는 용기를 내어 이 책을 집필하게 되었다. 부족하지만 이 책을 통해 데이터를 보는 나름대로의 견해를 전하고자 한다.

　이 책은 통계적인 이야기와 복잡한 수식은 가급적 배제하였다. 객관적인 자료를 가지고 이를 정리하여 표로 만들고, 시각적 도표로 작성하여 이야기를 전개하고, 통계학 검증을 통하여 결론을 맺는 방식으로 구성하였다. '보건복지패널 10차'의 아동에 대한 자료를 이용하여 분석 과정을 전개하였으며, 예제에서 사용한 스케일과 문항이 제한적이어서 몇몇 사례의 결과는 만족스럽지 못한 아쉬움도 있었다. 하지만 필자가 평소에 통계학을 가르치면서 늘 강조하고자 했던 'Storytelling with data'를 이 책을 통하여 어느 정도 피력했다고 생각한다.

　끝으로 이러한 강의를 열심히 수강해준 학생들에게 감사함을 전한다. 그들의 배움에 대한 열정이 이 책의 집필에 많은 동기를 부여하였다.

2018년 1월

민대기

1장 연구 문제와 가설 7

1. 연구 문제와 가설		8
2. 개념과 변수		8
	1) 변수의 정의	9
	2) 변수의 설정	10
3. 연구 질문에 따른 통계분석		10
4. 연구 자료 수집을 위한 표본 설계		11
	1) 연구를 위한 조사 모집단과 표본 설정	11
	2) 연구를 위한 표본추출 방법 결정	12
	3) 자료수집 방법	13
	4) 설문지 질의 설계	14
5. 분석 자료 설명		22
	1) 자료 설명	22
	2) 자료에 대한 연구자의 관심 사항	22
	3) 변수에 대한 설명	23

2장 간단한 SPSS 사용법 29

1. SPSS 시작하기		30
2. 데이터 보기		31
	1) 데이터 코딩 지침	31
3. 변수 보기		33
4. 출력결과 보기		37
5. 명령문 편집기		38
6. 변수 계산(생성)		39

7. 변수 재코딩(변숫값 재분류)   41
8. 시각적 구간화   42
   1) 절단점을 이용한 구간화   43
   2) 평균과 표준편차를 근거한 구간화   44
9. 다중응답군 자료분석   46
   1) 케이스 내의 빈도 계산   46
   2) 다중응답군을 이용한 분석   49

3장 가설검정   53

4장 기술통계분석   59

1. 빈도분석   60
2. 기술통계   65
3. 데이터 탐색   69
4. 교차분석   75

5장 범주형 자료분석   81

1. 카이제곱검정   82

6장 **평균비교** 89

1. 일표본 T 검정 90
2. 독립표본 T 검정 92
3. 대응표본 T 검정 94
4. 일원배치 분산분석 96

7장 **상관분석** 101

8장 **스케일 만들기** 109

1. 신뢰도 검사 110
2. 타당도 검사 117

9장 **회귀모형** 125

1. 단순회귀모형 126
2. 다중회귀모형 128
3. 계층적 회귀분석 137

찾아보기 143

1장

연구 문제와 가설

연구는 연구 문제의 파악과 질문 또는 가설로 시작된다.

1 연구 문제와 가설

    연구 문제는 탐구하고자 하는 내용을 두 개 이상의 변수들 간의 관계에 근거하여 서술하는 것으로, 연구를 통하여 궁극적으로 밝히고자 하는 내용을 기술하기 위하여 연구 대상, 연구 방법, 연구 주제 등에 대하여 상세하게 언급하여야 한다. 가설은 문제를 실제로 해결할 수 있는 검증 가능한 변수 간의 관계에 대한 예측적 진술로서, 구체적이어야 한다. 연구 문제는 특정 예측을 수반하지 않는다는 점을 제외하고는 가설과 유사하다. 설문지 설계를 위해서는 연구를 통해서 밝히고자 하는 내용의 목록을 작성하는 것이 우선이다.

2 개념과 변수

    개념은 정신 범주이다. 가설을 검증하기 위해 우리가 관찰한 대상이 우리의 이론에서 파생된 개념 범주에 어떻게 대응하는지를 결정해야 한다. 우리는 '대응 규칙'을 적용하여 그것이 범주에 맞는 대상인지의 여부를 결정한다. 사회 과학적 개념에서도 마찬가지이다. 우리가 확인하는 각각의 기준은 우리 연구에서 잠재적 변수이다. 우리는 개념이 정확하게 관찰되고 측정되기 위해 다양한 변수로 측정해야 할 수도 있다. 마찬가지로 '일주일에 갖는 음주 횟수'라는 항목은 '알코올중독자'라는 카테고리에 넣을지의 여부를 결정하는 데 사용되는 변수 중 하나가 될 수 있다.

연구 문제의 핵심 요소는 변수이다. 변수는 주어진 연구에서 참여자(응답자) 또는 상황의 특성에 따라 다른 값으로 정의되며 다양하게 여러 값을 가져야 한다. 예를 들어 성별은 여성 또는 남성의 두 가지 값을 가진 변수가 될 수 있고, 연령은 참여자(응답자)의 나이에 따라 여러 종류의 값을 가질 수 있는 변수이다. 무언가를 배우는 데 걸리는 시간이나 질병에서 회복되는 시간은 치료의 효과에 대한 일반적인 척도이며 잠재적 변수이기도 하다. 마찬가지로 수학 지식의 깊이도 개개인에 따라 레벨을 나눌 수 있기 때문에 변수가 될 수 있다. 양적 연구에서 변수는 정의되며 일반적으로 독립변수(활성 또는 속성), 종속변수 및 기타 변수로 구분된다. 연구가설은 연구 문제에 대한 잠정적인 응답으로 명확하게 언급된 독립변수와 종속변수 관계의 형태로 표현된다. 가설은 보다 일반적인 연구 관심을 중심으로 구축되어 있다. 연구 주제는 일반적인 문제로부터 시작되며 연구가설로 구체화된다. 연구가설은 반드시 가장 중요한 변수가 무엇인지 명확하게 설명하고 밝혀야 하며, 종속변수와 독립변수 그리고 조절변수에 대하여 기대하는 결과를 구체적으로 제시해야 한다. 마지막으로 개인적인 편견을 배제하고 수집된 자료에 근거해야 하며 객관적이어야 한다.

1) 변수의 정의

연령, 성별 또는 직업과 같은 인구통계 변수는 일반적으로 연구 대상자들로부터 적절한 카테고리를 선택하도록 요청함으로써 측정한다. 자기 개념 또는 만족도나 성취도와 같은 추상적인 개념은 측정된 방법을 자세하게 기술하는 조작적 정의가 필요하다. 조작적 정의에 의해서 측정한 값들을 변수라 한다. 변수란 연구 대상의 경험적 속성을 계량적으로 측정 가능한 개념으로 변환한 것이라 할 수 있다.

2) 변수의 설정

연구 과제의 특성과 가능한 가설의 수립을 위해서는, 측정을 위한 다음과 같은 변수 목록이 필요하다.

(1) 독립(설명)변수
종속변수의 변화를 야기하거나 설명하는 변수이다. 예를 들어 '학업스트레스는 우울에 영향을 미친다'라는 가설에서 독립변수인 학업스트레스로 인해 우울감이 증가할 수 있다는 것을 뜻한다.

(2) 종속(반응)변수
연구자가 설명하려고 하는 현상 및 결과를 나타내는 변수(예를 들어, 학생의 성취도)이다. 즉 분석 대상이 되는 변수이다.

(3) 매개변수
종속변수와 독립변수를 중재하는 변수이다.

(4) 조절변수
독립변수가 종속변수에 미치는 영향력을 조절하는 변수이다.

3 연구 질문에 따른 통계분석

연구 질문은 크게 차이, 상관도, 기술의 세 유형으로 분리할 수 있고, 각 유형에 적합한 통계적 방법론이 있다.

(1) 차이(그룹 비교)

일반적으로 무작위 실험, 준실험 및 비교 실험에 사용된다. 이런 유형의 질문의 경우, 집단의 평균값 비교를 통해 집단 간의 차이를 판단한다. 성별에 따른 수학 성적의 차이가 있는지 확인하기 위해 독립변수 성별에 따른 평균 점수를 비교한다.

(2) 상관도

연속형 변수 간의 선형관계가 있는지 알기 위한 분석 방법이다. 상관분석을 통하여 두 변수 간에 양의 관계가 있는지, 음의 관계가 있는지를 알 수 있다. 예를 들어 학업스트레스를 많이 받는 학생과 학업성적 사이에 어떤 관계가 있는지 알기 위하여 상관분석을 적용하여 분석한다.

(3) 기술

설명적 접근에 사용된다. 단일 변수의 유형(연속, 범주)에 따라 제공되는 요약 통계량을 근거로 중심경향, 변동성 또는 각 범주의 퍼센티지를 나타낸다.

4 연구 자료 수집을 위한 표본 설계

1) 연구를 위한 조사 모집단과 표본 설정

표본추출의 대상이 될 조사 모집단을 명확하게 규정해야 한다. 성인이 조사 대상이라면 누가 성인인지를 명확하게 정의(예: 만 18세 이상의 성인)해야 하며, 아울러 조사의 대상 범위(예: 특정 시에 주소지를 둔 성인)도 분명하게 규정해야 한다. 모집단은 연구 대상의 모든 구성원이 될 수 있다. 표본은 모집단을 조사하기에 시간과 돈의 한계가 있으므로 일반적으로 선택되는 모집단의 하위 집합이다. 표본을 선택할 때 중요한 문제는 선택한 구성원이 모집단을 대표할 수 있는지의 여부와 모집단과의 관련성이다. 종종 표본은 모집단의 모든 구성원을 포함하는 목록에서 무작위로 선택된다. 이러한 목록을 표본 프레임이라고 한다. 표본을 선택하는 몇 가지 방법 중 할당 표본은 프레임을 필요로 하지 않는다.

표본크기를 결정하고 분석하기 위해서 얼마나 많은 응답(완성된 설문지)이 필요한지를 가늠해야 한다. 대략적인 규칙 하나는 표본의 주요 하위 범주 각각에 대해 20~30개의 응답이 필요하다. 예를 들어 연구의 주요 측면이 남성과 여성을 비교하는 것이라면 응답자는 약 30명의 남성과 30명의 여성으로 구성되어야 한다. 하지만 이 표본의 크기는 예상 응답비율을 고려할 경우 수정되어야 한다. 그 이유는 설문 응답률이 20% 내외인 것이 흔한 일이기 때문에 예상 회수 설문지보다 5배 많은 설문지를 발송해야 하기 때문이다. 그래서 위의 예에서 60명의 응답을 얻으려면 300개의 설문지가 필요하다.

2) 연구를 위한 표본추출 방법 결정

표본추출의 목적은 표본에서 얻은 정보를 통해서 모집단을 추론하는 것이다. 그러므로 표본추출 방법이 모집단에 대한 정보의 질을 결정하는 가장 중요한 과정이며, 잘못된 추출 방법은 모집단에 대한 잘못된 결론을 도출할 수 있다. 표본추출 방법이 체계적으로 특정 결과를 선호하게 고안되었다면 표본이 편향되었다고 할 수 있다. 대표적으로 편향적인 방법은 자발적인 지원자를 통해서 표본을 구성하는 것과 가능한 곳에서 표본을 구성하는 컨비니언스 표본추출 등이 있다.

(1) 비확률추출 방법

① 자발적 응답 표본
자발적인 응답 표본은 본인 스스로 특정 이슈에 응답하는 것으로 견해가 강한 사람들이 특히 부정적인 반응을 보인다.

② 편이 표본
가장 접근하기 쉬운 개인들로 표본을 구성하는 것으로 길거리에서 특정 이슈에 대해서 인터뷰를 하는 것이나 아는 사람들을 통하여 설문을 작성하는 경우가 해당된다.

(2) 확률추출 방법

① 무작위추출

편견의 가능성을 최소화하기 위해 무작위로 표본을 추출하는 것이다. 아이디어는 모든 개인에게 표본에 포함될 동등한 기회를 줌으로써 편견을 피하는 것이다. 모집단으로부터 추출될 표본을 구성할 수 있는 개인은 각각 동등하게 선택될 기회를 갖는다.

② 층화확률추출

알고자 하는 대상이 명확하게 층으로 분리되어 있는 경우, 먼저 층을 구분한 다음 각 층에서 단순표본추출을 하는 것을 말한다. 예를 들어 학교에서 학생들의 의견을 수렴하고자 표본을 설정하여 설문을 한다면 각 학년별로 층을 나눈 다음, 각 학년에서 단순표본추출로 표본을 추출해야 할 것이다.

③ 집락추출법

집락추출법(cluster sampling)은 모집단에서 집단을 일차적으로 모집한 다음, 선정된 각 집단에서 구성원을 표본으로 추출하는 다단계 표집 방법이다. 주로 모집단을 총망라한 목록을 수집하기가 현실적으로 불가능할 때 사용될 수 있다. 집락 내부는 동질적(homogeneous)이고 집락 간에는 이질적(heterogeneous)인 특성을 가지도록 하는 것이 특징이며, 집락추출법의 효율성은 모집단 요소들의 목록화를 최소화하는 데에 달려 있다.

3) 자료수집 방법

설문 조사를 할 때 응답자가 직접 답하거나 또는 면접관을 통해서 완료되어야 하는지의 여부를 결정하고 그에 따라 설문지 및 기타 문서를 디자인해야 한다. 잠재적인 응답자에게 그들이 왜 질문에 답해야 한다고 생각하는지 설명하는 것이 중요하다. 이렇게 하면 설득력 있게 응답 속도를 향상시킬 수 있다. 설문지가 우편이나 전자메일 또는 기타 간접적인 방법으로 관리되는 경우 설문지의 내용과 완성도가 중요한 이유를 설명하는 서신을 같이 제공하는 것이 일반적이다.

4) 설문지 질의 설계

　설문지란 조사나 연구 등을 위하여 알고자 하는 내용을 질문 형식으로 표현하여 인쇄한 것으로 일반적으로 응답자가 직접 기입하는 방식이다. 설문지 작성은 연구에서 필요한 정보를 수집하기 위함이다. 그러므로 우리는 연구에서 요구되는 질문들이 올바른 것인지 확인해야 한다. 설문 조사의 목적은 자료를 수집하는 것이다. 정보를 수집하는 주요 방법 중의 하나는 사람들에게 직접 질문하는 것이다. 그들의 대답은 분석될 데이터를 구성한다. 일반적으로 정보는 모집단의 모든 구성원이 아니라 모집단의 일부, 즉 표본에 대해서만 수집된다. 설문지 설계에서 범하기 쉬운 가장 일반적인 실수 중 하나는 처음부터 질문을 작성한다는 것이다. 설문 조사에서 특별한 이유 없이 사람들의 나이와 성별 및 직업을 묻는 것으로 보이지만 이 또한 알고자 하는 것에 대한 조사라는 점을 잊지 말아야 한다.

　설문 조사의 문항은 설명적이거나 분석적이거나 간에 연구 이론에 바탕을 두어야 한다. 즉 설문지에 포함된 모든 항목은 연구의 이론적 목적에 어긋나지 않도록 작성되어야 하며, 오직 흥미 있는 것만 질문을 하게 되는 유혹을 버려야 한다. 잘못된 방식으로 질문을 하게 되면 중요한 연구 문제와 관련이 없는 연결되지 않은 '사실'의 수집으로 끝날 수 있다. 누군가 설문지에 무언가를 넣으라고 제안하면 어떤 답을 기대하는지 질문을 해보고 만약에 답을 정확하게 말할 수 없다면, 항목을 넣지 말아야 한다. 질의 내용 작성은 다음과 같은 방법으로 한다.

1단계: 연구가설 목록(핵심 주제)을 작성하라

　설문지를 디자인할 때 가장 먼저 해야 할 일은 연구에서 설명하려고 하는 질문의 목록을 작성하는 것이다. 주로 설명 연구를 수행하는 경우 사실(descriptive)적인 질문이다(예: 전체 인구 중 여성의 비율이 얼마입니까?). 좀 더 심도 있는 분석적인 연구에서 수집된 자료를 통하여 이론을 검증하려고 한다면 연구에서 밝히고자 하는 가설을 나열하는 것이다.

2단계: 주요 개념을 파악하라

　설명적인 질문이나 가설로 구성되든 간에 목록은 일련의 개념으로 변환된다. 개념은 우리가 생각하는 것에 대한 범주이다. 이러한 개념들은 우리가 인식하고 그것을 그룹으로 분류하고 그것들을 일반화할 수 있게 하며, 또한 우리 이론의 기본 요소이다. 흡연이나 음주 등은 이해하기 어려운 개념이 아니다. 흡연의 대상으로 담배 이외의 어떤 물질이 포함되어야 하는가? 그리고 음주는 어떤 대상의 음료를 포함하는가? 하는 것들을 구체적으로 정의해야 한다. 담배 연기의 흡입은 흡연 정의의 필수 부분으로 간주되어야 하고 음료에 알코올이 포함되는 것은 음주의 대상에 꼭 포함되어야 한다. 이에 반해 성취도나 만족도 그리고 스트레스나 같은 추상적 개념은 그것을 인식해서 관찰하고 측정할 수 있도록 하는 것이 더욱 복잡하다.

우리는 핵심 개념을 정의하고 측정하는 방법을 처음부터 명확히 밝혀야 한다. 설문 조사를 시작하기 전에 이론적인 명확성이 필요하다.

알코올 중독에 대한 연구에서 개념과 변수

가설	주요 개념	변수
부모와 응답자의 음주 이력	음주 습관(부모) 음주 습관(응답자)	지난 한 주 동안 음주한 횟수 지난 한 주 동안의 음주량
동료나 친구들의 음주 이력	음주 습관(동료)	가까운 친구나 동료의 평균 음주량
스트레스	음주와 스트레스	음주와 스트레스 해소와의 연관성
음주에 대한 인식	음주에 대한 부정적, 긍정적 인식	육체건강에 미치는 인식 정신건강에 미치는 인식 사회적 모임을 위한 인식
음주의 장소	음주와 음주 장소와의 연관성	집에서의 음주 횟수 집 밖에서의 음주 횟수
일반적인 영향	교육의 정도	직업 고용 상태
금주에 대한 의지	금주에 대한 노력	금주를 심각하게 시도한 횟수 금주를 한 기간

3단계: 각 개념을 하나 이상의 변수로 변환

다음 단계는 각 개념을 하나 이상의 변수로 변환하여 이론에서 측정으로 이동하는 것이다. 음주 행위에 대한 개념을 생각해보자. '음주 행위'는 증명할 모든 가설에 매우 중요한 역할을 하기 때문에 이것을 정확하게 측정할 필요가 있다. 우리는 이미 그것을 개념적으로 정의했기 때문에 그것이 무엇을 의미하는지 알고 있다고 생각한다. 그러나 그것을 경험적으로 어떻게 인식할 것인가? 습관적으로 음주를 하는 사람들과 그렇지 않은 사람들을 어떻게 구별할 것인가? 우리는 가설을 증명하기 위해서 응답자들에게 그들의 음주 행위에 대하여 질문을 해야 하지만, 단순히 음주를 하는 것만으로는 충분하지 않다. 왜냐하면 우리의 연구 목적을 위해 무엇이 음주로 간주되는지 명확히 해야 하기 때문이다.

핵심 개념을 어떻게 조작하고 측정할 것인지가 명확해질 때까지는 질문을 제기할 수 없다. 분명히 음주는 아주 쉬운 개념으로 보이지만 음주 행위를 측정하기 위한 작업은 신중하고, 기술적이며 복잡한 개념이 필요한 작업이 될 수 있다.

특정 연구에서 변수가 측정되는 구체적인 방법을 '조작적 정의'라고 한다. 방법론에 신뢰성을 부여하고 결과의 재현성을 보장하기 위해서는 변수를 조작적으로 정의하는 것이 중요하다. 다른 연구에서는 동일한 변수를 다르게 측정할 수 있다. 개념에 대한 조작적 정의는 여러 가지로 할 수 있다. 동일한 개념을 측정하기 위해서 여러 가지 변수로 구성된 설문지를 설계할 때 보다 합리적일 수 있다. 측정자가 여러 가지 관점에서 측정을 하는 것처럼, 동일한 개념에 대한 여러 변수의 개발은 측정하고자 하는 대상의 정확성을 높이고 측정 시 일어날 수 있는 오류들을 최소화하는 데 도움이 될 수 있다. 세상에 어떤 것도 완벽하게 측정할 수 있는 것은 없다. 심지어 목욕탕의 저울도 몸무게를 재는 데 오차가 발생할 수 있다. 사회조사에는 항상 오류가 발생할 수 있다. 측정하고자 하는 현상과 변수는 일치하지 않을 수 있다.

4단계: 독립변수, 종속변수, 매개변수 및 조절변수를 구분한다

설명 연구를 수행하는 경우 이제 설문 항목을 고안할 단계이다. 그러나 분석 연구를 하는 경우 한 가지 최종 단계가 여전히 남아 있다. 그것은 발견될 것으로 예상되는 인과관계를 추적하기 위해 변수를 정렬하는 것을 포함한다. 인과관계의 방향을 결정하는 이론의 역할에 따라 독립, 종속변수가 결정된다. 주어진 가설의 맥락에서 변수는 단지 '종속적'이거나 '독립적'이라는 점에 유의해야 한다. 현상을 설명하고 예측하게 하는 것이 이론이다. 하나의 가설에서 독립변수는 다른 변수에서의 종속변수로 나타날 수도 있다. 독립변수와 종속변수가 같이 변하면, 이론을 참고하여 어떤 것이 원인이 되고 어떤 것이

작용하는지 알려준다. 공분산의 증거 그 자체가 다른 하나의 변화를 일으키고 있다는 것을 증명할 수 없다. 우리는 이러한 판단을 하기 위해 초기 이론을 고찰한다. 때때로 가설은 매개변수를 포함하는 보다 복잡한 인과관계에서 세 가지 개념을 연결한다. 매개변수는 독립변수가 종속변수에서 변경을 초래하는지의 여부 및 영향을 결정한다.

① 종속변수(반응변수): 다른 변수가 그것에 영향을 미칠 때 벌어지는 현상이나 결과를 측정할 수 있는 것으로, 연구 이론이 설명할 것으로 기대되는 변수이다.
② 독립변수: 설명변수라고도 하며 종속변수를 설명하는 역할을 한다.
③ 매개변수: 독립변수와 매개변수의 관계에서는 종속변수의 역할을 하며, 매개변수와 종속변수의 관계에서는 독립변수 역할을 한다. 즉 독립변수와 종속변수 사이에서 중간 다리 역할을 하는 변수로 인과관계가 필요하며, 조절변수와 다른 점은 독립변수 및 종속변수와 직접 영향을 주고 받는다는 것이다.

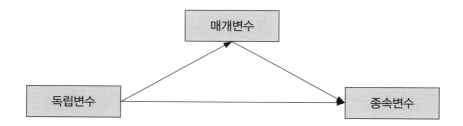

④ 조절변수: 독립변수와 종속변수 사이에서 제2의 독립변수를 의미한다. 독립변수와 종속변수 사이의 관계의 강도를 조절해주는 역할을 한다.
예) 월수입과 행복지수와의 관계에 있어서 성별에 따른 차이, 즉 월수입이 행복지수에 미치는 영향에서 성별은 조절효과를 보인다.

5단계: 질문 문항 개선하기

① 질문 순서 구성하기

응답자가 설문 조사에 응할 때 가능한 한 응답의 일관성을 유지하려는 경향을 지닌다. 이 때문에 설문지의 질문 순서를 어떻게 정하느냐에 따라 응답이 달라질 수도 있다. 경험이 부족한 조사 연구자는 이런 부분을 예상하지 못하고 설문지를 작성하는 경향이 있는데 각별한 주의가 필요하다.

② 질문에 대한 유형을 선택하고 적절한 단어 지정하기

개방형 질문 대 폐쇄형 질문, 단일 질문 대 복수 질문, 순위 및 등급 등의 다양한 유형의 질문을 사용할 수 있다. 개방형 질문을 선택하는가 혹은 폐쇄형 질문을 선택하는가의 문제는 조사자의 조사 목적과 다양한 제약 사항에 의존한다.

• 개방형 질문

개방형 질문이란 응답자에게 질문만 제시하고 그 질문에 대해 응답자가 자유롭게 대답을 기록하도록 하는 것이다. 개방형 질문은 주로 최종 설문지를 계획하기 위한 예비조사나 심층적인 면접을 위한 질문지에 많이 사용된다. 장점으로는 응답자가 제공하는 다양한 정보를 제한 없이 수집할 수 있으며 자세하고 명확한 좋은 응답을 얻을 수 있다. 또한 기대하지 않은 정보들도 얻을 수 있고 복잡한 이슈에 대해서도 적절한 응답을 얻을 수 있다. 단점으로는 응답자에 따라 응답하는 정도가 다르며 응답자의 반응이 질문과 무관하거나 지나치게 자세하여 오히려 애매할 수 있다. 자유로운 응답이므로 응답을 코딩하기가 어렵고 통계적 비교나 분석이 어려울 수 있다. 또한 조사 시간이 오래 걸리고 생각이 필요하며 응답자들의 자기 표현이 요구되므로 응답자들이 질문에 답하는 것을 두려워할 수도 있다.

• 폐쇄형 질문

폐쇄형 질문은 대단위 표본을 대상으로 하는 서베이(Survey)에 적합하다. 정해진 범주에 따라 응답이 이루어지기 때문에 양적인 분석에 적합하며, 비교의 목적으로 사용된다. 특히 다양한 형태의 조사 유형에도 쉽게 활용할 수 있다. 조사 기간과 분석에 소요되는 시간이 개방형 질문에 비해 짧고 결과를 객관화할 수 있다. 장점은 응답자가 대답하기가 쉽고 빠르며 서로 다른 응답자들의 반응을 비교하기가 용이하다. 또한 응답을 코딩하기가 쉽고 통계적인 분석이 용이하며 응답자들이 제공하는 반응의 의미를 정확하게 파악할 수 있다. 구조화되어 있기 때문에 민감한 이슈에 대한 질문에도 쉽게 응답할 수 있다. 특히 반복 연구를 할 때도 용이하다. 단점으로는 응답자들이 응답 범주 내에서만 응답하기 때문에 응답자의 실제 견해와 다를 수 있고 응답자가 원하는 응답 범주가 없을 때는 잘못된 반응을 하기 쉽다. 자세한 응답을 얻기 위해 종종 너무 많은 문항을 사용하는 경우가 있는데, 그에 따라 혼란해 하거나 지루함을 유발할 수 있다. 응답자들 간의 미묘한 응답 차이나 세밀한 정보를 밝힐 수 없다.

• **단일 응답 대 복수 응답**(Single Response vs. Multiple Response)

질문을 디자인할 때 응답자에게서 단일 응답을 원하는지 복수 응답을 원하는지를 생각해 보아야 한다.

예를 들어 다음과 같은 질문을 하는 경우가 있다.

질문: 당신이 건강을 위해서 하는 운동은?
1) 달리기   2) 자전거타기   3) 수영   4) 테니스   5) 등산   6) 걷기

어떤 응답자는 자신에게 해당되는 번호를 모두 응답할 수 있다고 생각하는 반면, 다른 응답자는 한 가지에만 응답을 해야 한다고 생각하는 사람이 있을 수 있다. 이러한 유형의 질문을 설계할 경우에는, "적용되는 모든 번호에 체크하십시오"라는 텍스트를 삽입하여 질문을 명확히 할 수 있다. 이 방법으로 질문을 처리하려면 컴퓨터에 여섯 개의 변수가 설정되어야 하며 각 변수 코딩에 대해 0과 1의 이분법이나 해당 번호를 모두 기입하는 방법으로 응답할 수 있다.

• 순서형 응답

　다중응답에서 때로는 응답자가 우선순위를 고려하여 1부터 관심 있는 순서대로 번호 매기기를 사용하여 순위를 정하는 것도 유용하다.

　예를 들어 다음과 같은 질문을 하는 경우가 있다.

> 질문: 당신이 화장품을 구입할 때 중요시하는 항목을 순위대로 4개를 기입하시오.
> 1) 가격　2) 제품 성분　3) 브랜드　4) 후기　5) 인지도　6) 매장의 위치

　위의 경우에는 별도의 변수로 코딩해야 하며 4개의 변수가 필요하다.

③ 반응척도

　일반적으로 이분법적으로 답하는 것과 5점 척도, 7점 척도로 답하는 방식이 있다.

• 이분법적 스케일

　이분법적 스케일에는 정반대의 두 가지 선택이 있다. 몇 가지 예를 들면 "예" 또는 "아니오", "참" 또는 "거짓", "동의" 또는 "동의하지 않음" 등이 있다. 이런 응답에는 중립적인 선택을 할 여지가 없다는 것이 장점이자 단점이 될 수 있다. 질문의 내용을 응답자가 충분히 이해하고 있다면 선택을 하는 데 문제가 없겠지만 생각해 보지 않았던 내용이라면 거짓 응답일 수도 있다.

• 평점 척도

　사회과학에서 널리 사용되는 방법으로 다음의 예와 같이 리커트(Likert) 척도를 사용하는 것이다.

　　VI = 매우 중요, I = 중요, N = 중립, U = 중요하지 않음, VU = 매우 중요하지 않음

　평점 척도는 일반적으로 가장 잘 알고 있는 응답 방법이다. 예를 들어 "1−10의 척도로 오늘 우리 서비스에 얼마나 만족하십니까?" 등의 질문이 있다. 세 가지의 가장 일반적인 평가 척도는 다음과 같다.

1–10 척도, 1–7 척도, 1–5 척도

선택한 규모에 따라 결과의 차이가 있을 수 있다. 스케일이 큰 경우에는 차이 또한 클 수가 있으므로, 일반적으로 리커트 스케일을 사용한다. 주의할 점은 가장 긍정적인 응답에 높은 점수 5점을 사용하며, 가장 부정적인 응답에 1점을 사용하길 권장한다. 긍정적인 목적으로 1을 사용하지 않는 것이 분석을 하는 데 도움이 된다.

④ 질문 문구에 대한 일반적 규칙

· 간결하게 작성하고 모호하지 않도록 한다

질문을 간단하고 명확하게 작성하고 전문 용어를 가급적 사용하지 않는다.

예: "대한민국이 상하 양원을 가져야 한다고 생각하느냐?"는 질문이 "대한민국이 양원제 의회를 가져야 한다고 생각하나?"보다 정보에 입각한 응답을 이끌어내기 쉽다.

모호성을 피하고 대답에 능숙하게 응답할 수 있는 질문이어야 한다.

예: "최근에 영화관에 가본 적이 있습니까?"라는 질문은 "지난 2주 동안 영화관에 가본 적이 있습니까?"라는 질문보다 더 모호하다.

· 이중 질문 피하기

이중적인 질문인 경우에 분리해서 질문한다.

예: "과체중인 사람은 건강 유지를 위해서 더 적게 먹고 운동해야 한다고 생각합니까?"라고 묻는 대신 다음과 같이 질문한다. "과체중인 사람은 건강 유지를 위해서 덜 먹어야 한다고 생각하십니까?", "과체중인 사람은 건강 유지를 위해서 운동을 더 해야 한다고 생각하십니까?".

· 부정적인 의미를 부정하는 질문 피하기

다음의 예처럼 응답자를 혼동하게 하지 않는다.

예: "흡연 금지에 반대합니까?", "개헌 반대에 찬성 하십니까?".

- 정확한 답변을 요구한다.

   정보가 유용하고 다른 제약 조건(예: 개인정보보호)이 없다고 생각하면 정확한 답변을 요청한다.

   예: "당신의 현재 나이는 몇 세입니까?"라고 질문하는 대신에 "당신의 생년월일은 언제입니까?".

5 분석 자료 설명

1) 자료 설명

   이 책의 예제 자료는 한국보건사회연구원과 서울대학교 사회복지연구소의 2015년 한국복지패널 10차연도 자료 중 아동용 부가조사자료이다. 이 자료는 2015년 3월 현재 초등학교 4, 5, 6학년에 재학 중인 아동 471명 중 아버지, 어머니와 함께 생활하는 아동 389명에 대한 것이다. 복지패널 조사는 조사구를 지역별 조사 규모에 따라 층화확률 비례로 추출하였으며 기존 횡단면 조사나 종단면 조사가 가지고 있었던 약점을 보완하는 차원에서 농가와 읍, 면 지역을 표본에 포함하였다. 조사 방법은 조사원이 직접 조사 대상 패널 가구를 방문하여 응답 대상 가구원을 만나 응답한 내용을 조사표에 기록하는 직접면접조사를 원칙으로 하였다.

2) 자료에 대한 연구자의 관심 사항

   수집된 자료는 학생들의 정서적 환경과 학교생활에서 가능한 학업성적 그리고 학교 환경에 대한 내용들이었고, 학생들에게 영향을 줄 수 있는 부모의 교육수준과 소득 등 보호자에 대한 정보도 수집되었다. 이 자료를 통하여 학생들의 정신적, 정서적 환경이 학생들의 학업성취도에 얼마나 영향을 미치는지 연구를 할 수 있으며 이와 같은 연구를 위해서 아래와 같은 사항에 대하여 분석을 시행하였다.

① 자료 조사 대상자들의 기본적인 기술부터 시작한다. 인구통계의 기본적인 성별과 학년에 대한 구성 비율, 아버지 어머니의 평균교육수준.

② 학생들이 대부분의 시간을 보내는 학교에 관련된 학생들의 생각과 학업성적, 학업성적과 학교생활.

③ 학생들의 정신적 상태를 볼 수 있는 자아 존중감, 우울 및 불안에 대한 기본적인 요약통계.

④ 성별이나 학년 또는 소득 구분에 따른 학생들의 학업성취도 비교.

⑤ 학업성취도와 학생들의 정서적 상태에 대한 상관도.

⑥ 학업성취도에 영향을 주는 학생들의 정서적, 정신적 상태와 관계 규명을 위한 선형회귀.

3) 변수에 대한 설명

아동의 정신적 환경과 부모에 대한 자료

변수	레이블	구분
h10_hc	균등화소득에 따른 가구구분(h10_hc)	
c10_grade	현재 상황(c10_grade)	
c1001_1	(가) 학교생활이 즐겁다(c1001_1)	심리 사회적 환경
c1001_2	(나) 배우고 있는 대부분 과목을 좋아한다(c1001_2)	
c1001_3	(다) 선생님을 존경한다(c1001_3)	
c1001_4	(라) 수업태도가 좋은 편이다(c1001_4)	
c1001_5	(마) 숙제는 꼬박꼬박 해가는 편이다(c1001_5)	
c1001_6	(바) 선생님 지시를 잘 따른다(c1001_6)	
c1001_7	(사) 학교를 그만두고 싶어질 때가 있다(c1001_7)	
c1001_8	(아) 시험볼 때 다른 친구의 답안지를 본 적이 있다(c1001_8)	
c1001_9	(자) 허락 없이 교실에서 나간 적이 있다(c1001_9)	
c1001_10	(가) 전과목평균성적	학교 성적
c1001_11	(나) 학교국어성적	
c1001_12	(다) 학교수학성적	
c1001_13	(라) 학교영어성적	

변수	레이블	구분
c1001_7aq5	(가) 학교성적이 좋지 않아서 스트레스를 받는다(c1001_7aq5)	학업 스트레스
c1001_7aq6	(나) 숙제나 시험 때문에 스트레스를 받는다(c1001_7aq6)	
c1001_7aq7	(다) 대학입시에 대한 부담으로 스트레스를 받는다(c1001_7aq7)	
c1001_7aq8	(라) 공부가 지겨워서 스트레스를 받는다(c1001_7aq8)	
c1001_4aq1	(가) 우리학교 학생들은 선생님들과 친하게 지낸다(c1001_4aq1)	학교 유대감
c1001_4aq2	(나) 선생님들은 모든 학생을 공정하게 대한다(c1001_4aq2)	
c1001_4aq3	(다) 선생님은 학생들이 열심히 하면 칭찬해주신다(c1001_4aq3)	
c1001_4aq4	(라) 수업 중에 선생님들은 학생들의 기를 죽인다(c1001_4aq4)	
c1001_4aq5	(마) 나는 학교가 안전하게 느껴진다(c1001_4aq5)	
c1001_4aq6	(바) 크게 잘못한 일이 없는데 선생님께 혼나는 경우가 있다(c1001_4aq6)	
c1002_1	(가) 내가 적어도 다른 사람만큼은 가치 있는 사람이라고 느낀다(c1002_1)	자아 존중감에 대한 인식
c1002_2	(나) 내가 좋은 자질을 많이 가지고 있다고 느낀다(c1002_2)	
c1002_3	(다) 남들이 하는 만큼 뭐든지 할 수 있다(c1002_3)	
c1002_4	(라) 긍정적인 태도를 지니고 있다(c1002_4)	
c1002_5	(마) 대체로 나 자신에 만족한다(c1002_5)	
c1002_6	(바) 나는 재주가 많다고 생각한다(c1002_6)	
c1002_7	(사) 다른 사람들보다 의지가 강하다(c1002_7)	
c1002_8	(아) 처음에 못할지라도 잘할 때까지 열심히 한다(c1002_8)	
c1002_9	(자) 내가 실패자라고 느끼는 경향이 있다(c1002_9)	
c1002_10	(차) 나는 자랑스러워할 만한 것이 별로 없다고 느낀다(c1002_10)	
c1002_11	(카) 때때로 나 자신이 쓸데없는 존재라고 느낀다(c1002_11)	
c1002_12	(타) 때때로 유능하지 않다고 생각한다(c1002_12)	
c1002_13	(파) 나 자신을 좀 더 존중할 수 있으면 하고 바란다(c1002_13)	

변수	레이블	구분
c1002_14	(가) 외롭다고 불평한다(c1002_14)	우울 및 불안
c1002_15	(나) 잘 운다(c1002_15)	
c1002_16	(다) 나쁜 생각이나 나쁜 행동을 할까 두려워한다(c1002_16)	
c1002_17	(라) 스스로 완벽해야 된다고 생각한다(c1002_17)	
c1002_18	(마) 아무도 나를 사랑하지 않는다고 생각한다(c1002_18)	
c1002_19	(바) 남들이 나를 해치려 한다고 생각한다(c1002_19)	
c1002_20	(사) 자기가 가치가 없거나 남보다 못하다고 생각한다(c1002_20)	
c1002_21	(아) 신경이 날카롭고 신경질적이거나 긴장되어 있다(c1002_21)	
c1002_22	(자) 지나치게 겁이 많거나 불안해한다(c1002_22)	
c1002_23	(차) 지나치게 죄책감을 느낀다(c1002_23)	
c1002_24	(카) 자의식이 지나치고 쉽게 무안해한다(c1002_24)	
c1002_25	(타) 불행하다고 생각하거나 슬퍼하고 우울해한다(c1002_25)	
c1002_26	(파) 걱정이 많다(c1002_26)	
c1002_4aq1	(하) 의심이 많다(c1002_4aq1)	
c1002_27	(가) 나이에 비해 너무 어리게 행동한다(c1002_27)	주의 집중
c1002_28	(나) 집중력이 없고 오래 주의를 기울이지 못한다(c1002_28)	
c1002_29	(다) 가만히 앉아 있지 못하고 안절부절한다(c1002_29)	
c1002_30	(라) 정신이 헷갈리거나 혼미할 때가 있다(c1002_30)	
c1002_31	(마) 공상을 하거나 멍하게 자기 생각에 빠지곤 한다(c1002_31)	
c1002_32	(바) 충동적이고 생각없이 행동한다(c1002_32)	
c1002_33	(사) 신경이 날카롭고 신경질적이거나 긴장되어 있다(c1002_33)	
c1002_34	(아) 불안으로 인해 몸을 갑작스럽게 움찔거린다(c1002_34)	
c1002_35	(자) 학교공부가 시원치 않다(c1002_35)	
c1002_36	(차) 운동신경이 둔하고 움직임이 어색하다(c1002_36)	
c1002_37	(카) 멍하니 허공을 응시하곤 한다(c1002_37)	

변수	레이블	구분
c1002_38	(가) 혼자 있는 것을 좋아한다(c1002_38)	위축
c1002_39	(나) 말을 하지 않으려 한다(c1002_39)	
c1002_40	(다) 숨기는 것이 많고 남에게 속을 털어놓지 않는다(c1002_40)	
c1002_41	(라) 수줍거나 소심하다(c1002_41)	
c1002_42	(마) 멍하니 허공을 응시하곤 한다(c1002_42)	
c1002_43	(바) 자주 뾰로퉁해진다(c1002_43)	
c1002_44	(사) 비활동적이고 행동이 느리며 기운이 없다(c1002_44)	
c1002_45	(아) 불행하다고 생각하거나 슬퍼하고 우울해한다(c1002_45)	
c1002_46	(자) 위축되서 남들과 어울리지 않으려고 한다(c1002_46)	
h10_din	가처분소득(h10_din)	
h10_cin	경상소득(h10_cin)	
h10_flag	가처분소득 및 경상소득 – Imputation 여부(무응답 대체법 적용 여부)(h10_flag)	
h1001_1	가구원수(h1001_1)	
h1001_2	1번.가구원 번호(h1001_2)	아버지 정보
h1001_3	1번.가구주와의 관계(h1001_3)	
h1001_4	1번.성별(h1001_4)	
h1001_5	1번.태어난 연도(h1001_5)	
h1001_6	아버지교육수준	
h1001_14	2번.가구원 번호(h1001_14)	어머니 정보
h1001_15	2번.가구주와의 관계(h1001_15)	
h1001_16	2번.성별(h1001_16)	
h1001_17	2번.태어난 연도(h1001_17)	
h1001_18	어머니교육수준	
h1001_26	3번.가구원 번호(h1001_26)	첫째 자녀 정보
h1001_27	3번.가구주와의 관계(h1001_27)	
h1001_28	3번.성별(h1001_28)	
h1001_29	3번.태어난 연도(h1001_29)	
h1001_30	3번.교육수준1(h1001_30)	

변수	레이블	구분
h1001_38	4번.가구원 번호(h1001_38)	둘째 자녀 정보
h1001_39	4번.가구주와의 관계(h1001_39)	
h1001_40	4번.성별(h1001_40)	
h1001_41	4번.태어난 연도(h1001_41)	
h1001_42	4번.교육수준1(h1001_42)	
h1001_50	5번.가구원 번호(h1001_50)	셋째 자녀 정보
h1001_51	5번.가구주와의 관계(h1001_51)	
h1001_52	5번.성별(h1001_52)	
h1001_53	5번.태어난 연도(h1001_53)	
h1001_54	5번.교육수준1(h1001_54)	
성별	성별	
연도	태어난 연도	척도
환경	심리사회적학교환경	척도
스트레스	학업스트레스	척도
성적	학업성적	척도
유대감	학교 유대감	척도

2장

간단한
SPSS 사용법

1 SPSS 시작하기

1. 모든 프로그램 → IBM SPSS STATISTICS → IBM SPSS STATISTICS를 클릭한다.

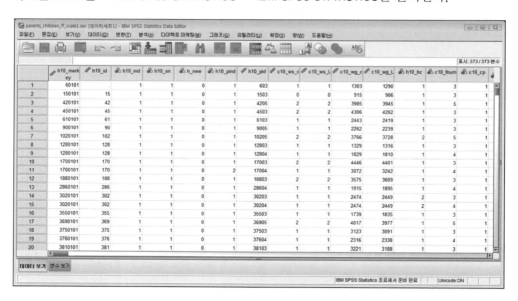

2. 파일 → 열기 → 데이터에서 'parents_children_book.sav'를 클릭하면 위 그림과 같이 자료를 볼 수 있다. 데이터 편집기(Data Editor)는 SPSS 데이터 파일을 작성하고 편집할 수 있는 기능을 갖춘 스프레드시트 형태로 제공되며 **데이터 보기**와 **변수 보기** 기능을 제공한다.

2 데이터 보기

자료 값을 볼 수 있으며 입력, 수정할 수 있다. 열(Column)에는 변수 이름을, 행에는 각 관측치를 나타낸다. 일반적으로 설문지 입력 자료에서 열에는 문항을, 행에는 응답자에 대한 임의의 id 등을 나타낸다. 그러므로 각 셀의 값을 통하여 응답자의 특정 문항에 대한 값을 확인할 수 있다. 셀은 단일 값만 입력이 가능하다.

1) 데이터 코딩 지침

각 변수의 값에 숫자를 할당하는 프로세스이다. 설문지 코딩을 시작하기 전에 염두에 두어야 할 몇 가지 규칙이 있다.

① 모든 데이터는 숫자이어야 한다. 문자나 단어(문자열 변수)를 데이터로 사용할 수도 있지만 그렇게 하는 것은 바람직하지 않다. 성별을 분류할 때 남성을 M, 여성은 F로 할 수도 있지만 대부분의 분석 작업을 수행하려면 문자나 단어를 숫자로 변환해야 한다. 만약에 성별변수에서 남성이 'M', 여성이 'F'로 기입되어 있다면 문자 대신 0, 1이나 1, 2로 코딩을 바꾸어야만 원만한 분석 작업을 진행할 수 있다.

② 설문 응답자의 각 변수 또는 문항의 값은 데이터 편집기에서 동일한 열에 기록해야 하고, 각 행은 동일한 응답자에 대한 데이터가 포함되어야 한다. 즉 셀의 값을 통하여 누가 어떤 문항에 어떤 답을 했는지를 파악할 수 있어야 한다.

③ 각 변수에 대해 하나의 값만 기록할 수 있다. 일부 문항에서 다중응답을 원하는 경우에는 응답 항목을 0과 1로 기록하는 이분형이나 응답 항목의 번호를 기입하는 범주형으로 표기하여 각 변수에 대한 답이 하나만 기록되게 한다.

④ 각 설문지의 문항에 대해서 응답한 값들은 최대의 정보를 얻기 위해 코딩되어야 한

다. 문항의 응답에 해당하는 범주를 설정할 때 가능한 작은 단위로 나누어 정보의 손실이 없도록 한다. 필요한 경우 범주를 병합할 수 있으므로 데이터를 상세하게 코드화하고 입력하는 것이 바람직하다. 따라서 실제 테스트 점수, 연령, 평균 학점 등을 알고 있다면 그대로 입력하는 것이 좋다. 설문지 응답자에게 가능한 구체적인 정보를 제공하도록 요청하는 것이 좋다. 그러나 응답자가 답변을 알지 못하거나 제공하기가 쉽지 않을 정도로 구체적이지 않은 질문들은 하지 않도록 주의해야 한다. 예를 들어 참가자들에게 평균 학점을 몇 가지 범주 중(예: 2.0-2.49, 2.50-2.99)에서 선택하도록 요청한 경우보다는 2.1, 2.2 등의 구체적인 숫자를 기입하도록 요청하는 것이 더 자세한 정보를 얻을 수 있다. 그러나 학생들이 평균 학점을 모르거나 정확히 밝히고 싶지 않은 경우, 질문들을 공란으로 남길 수도 있다. 이러한 이유로 연령, 체중 및 소득과 같은 민감한 변수에 대해서는 상대적으로 좁은 범위의 범주를 제공할 수 있다.

⑤ 응답자들의 설문지 문항에 대한 각 변수에 대해서는 명확한 값이 있어야 한다. 결측값이 아닌 경우를 제외하고 모든 값은 숫자이어야 한다. SPSS는 공백을 누락 값으로 처리하기 때문에 데이터가 없거나 사용할 수 없는 경우에는 공백을 사용하는 것이 좋다. 그러나 주어진 문항에 대하여 응답한 값이 적절치 않아 결측값으로 처리될 경우에는 98 및 99와 같은 숫자 코드를 결측값으로 처리한다.

⑥ 모든 응답자에게 일관되게 코딩 규칙을 적용해야 한다. 즉 특정 유형의 응답을 한 사람을 누락된 것으로 처리하기로 결정했다면 다른 모든 참가자에 대해서도 동일한 규칙을 적용해야 한다.

⑦ 가능한 높은 숫자를 긍정적인 문항의 답에 부여한다. 예를 들어 "동의함", "양호함" 또는 "긍정적" 등의 항목에 높은 숫자(값 또는 코드)를 사용한다. 그러나 "강력하게 동의함"에 1을, "강력하게 동의하지 않음"에 5를 사용하는 설문지를 볼 수도 있다. 이것을 일관성 있게 적용하는 것이 잘못은 아니지만 낮은 값에 긍정적인 의미를 부여하는 경우 때때로 결과를 해석할 때 혼란스러울 가능성이 있다.

변수 보기는 데이터 보기에서 사용된 변수들의 속성을 나타낸다. 열에는 변수 이름과 속성에 대한 정보를 보여주며 행에는 데이터셋에 있는 변수들이 데이터셋에 입력된 순서대로 나열되어 있다.

(1) 이름

변수명을 뜻한다. 변수명은 영어나 한글을 모두 사용할 수 있으나 특별히 고안된 모듈에는 영어만 가능하다. 변수명에 대한 규칙은 아래와 같다.

① 문자로 시작하며, 숫자나 특수문자로 시작할 수 없다.

② 이름 중간에 공란을 허용하지 않는다.

③ SPSS 키워드는 사용할 수 없다.

(2) 유형

변숫값에 대한 형태를 나타내며, 기본적으로 유형에 따라 제공되는 기본값을 정할 수 있다. 숫자인 경우 너비(width)와 소수점 이하 자릿수(decimal)를, 문자인 경우 길이를, 날짜인 경우 적당한 형태의 형식을 지정할 수 있다.

유형에서 중요한 날짜 형식의 몇 가지 예는 아래와 같다.

두 자릿수 연도에 대한 해석

형식	예
dd-mmm-yy	25-MAR-17
dd-mmm-yyyy	25-MAR-2017
mm/dd/yy	03/25/17
mm/dd/yyyy	03/25/2017
dd.mm.yy	25.03.17
dd.mm.yyyy	25.03.2017
yy/mm/dd	17/03/25
yyyy/mm/dd	2017/03/25

연도가 두 자릿수로 기록된 경우에는 **편집 → 옵션 → 데이터**를 클릭하면 두 자릿수 연도에 대한 기본 설정을 아래의 그림에서 볼 수 있다. '자동'에서는 1948-2047로 범위 설정을 했기 때문에 48보다 큰 78은 1978로 해석하고 48보다 작은 17은 2017로 해석된다. '사용자 정의'를 이용하여 세기의 정의를 변경할 수 있다.

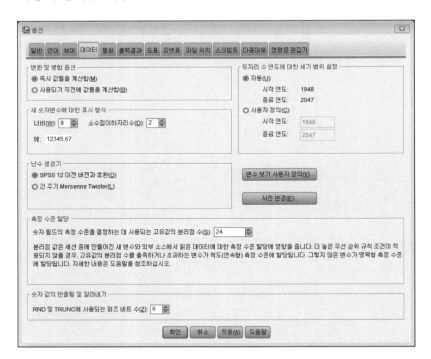

SPSS를 이용한
설문지 작성과 분석

(3) 설명(Variable Label)

변수에 대한 설명을 입력한다. 일반적으로 변수 이름 자체만으로 변숫값을 해석하는데 어려움이 있으므로 변수에 대한 설명을 레이블에 추가한다. 이 책의 설문지의 경우에는 변수 이름이 특정 문항을 코드화한 것이고 레이블에는 문항의 내용을 기입하였다. 예를 들면 변수 이름 c1001_1은 레이블이 '(가) 학교생활이 즐겁다'로 문항에 대한 질문 내용을 기입한 것이다.

(4) 값(Value Label)

변숫값에 대한 설명을 기입할 수 있다. 분석 결과에 대한 내용에 변숫값에 대한 설명이 없으면 코드북을 참고해야 하는 불편함이 있으므로 값에 대한 설명을 항상 추가하는 것이 좋다. 예를 들어 남자를 '1'로 여자를 '2'로 코딩한 경우, 또는 설문지의 4점 척도 값에 아래와 같이 설명을 추가한다.

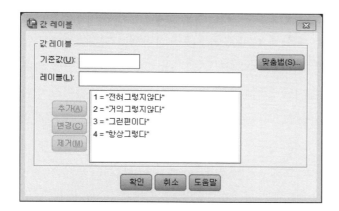

(5) 결측값 정의

해당 변수에 대한 값이 없을 경우나 잘못 측정된 경우의 값에 대하여 구체적으로 정의할 수 있다. 특히 특정 숫자 9나 99 등의 값으로 결측값을 나타낼 경우 반드시 정의를 해야 자료분석에서 제외된다. 그렇지 않으면 분석 대상에 9나 99 등으로 정의된 결측값이 포함되어 정확한 결과를 얻을 수 없다.

(6) 척도

척도는 연속형, 순서형 그리고 명목형 중에서 변숫값의 속성에 따라 선택을 한다. SPSS는 일반적으로 메뉴 식으로 분석 과정을 진행하기 때문에 측도에 따라서 선택할 수 있는 분석 방법이 달라질 수 있다.

변숫값들은 범주형(Categorical/Qualitative) 자료와 연속형(Numerical/quantitative) 자료로 구분할 수 있으며, 척도는 범주형 자료와 연속형 자료에 따라 명목척도, 순위척도, 등간척도, 비율척도 이렇게 네 가지로 구분할 수 있다. 범주형 자료를 나타내는 척도로는 명목척도(nominal scale)와 순위척도(ordinal scale)가 있다.

명목척도는 말 그대로 이름뿐인 척도 또는 단위이다. 명목척도의 예로는 성별(남/여), 국적(한국, 일본, 중국 등), 직업(회사원, 공무원, 자영업 등), 거주 지역(서울, 경기, 강원 등) 등이 있다. 명목척도에서 수치의 값은 양적인 의미가 아니고 그 수치에 해당되는 범주를 뜻한다. 예를 들어 성별에서 남성을 1, 여성을 2로 코드화하고 종교에서 기독교를 1, 불교를 2 등으로 코드화하여 구분한다면 이 모두가 명목척도이다.

순위척도에서는 관찰 대상이 지니는 속성에 따라 순위가 정해질 수 있다. 설문 조사에서 사용하는 5점 척도나 7점 척도는 문항에 대하여 얼마나 긍정적으로 생각하느냐를 순위로 표시한 것이다. 또한 교육수준에서 0을 중학교 졸업, 1을 고등학교 중퇴, 2를 고등학교 졸업, 3을 3년제 대학졸업, 4를 4년제 대학졸업 그리고 5를 대학원 졸업이라 한다면 숫자가 많을수록 교육수준이 높아짐을 의미한다. 그러나 순위척도에서는 순위 간의 간격에는 의미가 없다. 교육수준에서 4와 3의 차이와 2와 1의 차이가 동일하게 1이지만 그 정도가 같다고는 말할 수 없기 때문이다.

연속형 자료를 나타내는 척도에는 등간척도(interval scale)와 비율척도(ratio scale)가 있다. 등간척도는 관측 대상이 지닌 속성의 차이를 양적인 차이로 측정하기 위하여 척도 간 간격을 균일하게 분할하여 측정하는 척도이다. 등간척도에서 속성 간의 차이는 의미가 있기 때문에 평균을 계산하는 것은 또한 의미가 있다. 그러나 등간측정 비율은 의미가 없다. 예를 들어 80도는 40도의 2배만큼 뜨겁지는 않다.

마지막으로, 비율 측정과 등간척도의 다른 점은 0의 의미가 있느냐 없느냐로 구분할 수 있다. 온도에서 0은 의미가 있지만 몸무게나 나이에 있어서 0은 의미가 없다. 그러므로 무게나 나이는 비율 변수라 할 수 있다. 무게 0은 의미가 없으며, 10그램에 비하여 20

그램이 두 배 무겁다. 사회학연구에서 가장 많이 적용된 '계수'는 비율이다. 왜냐하면 고객의 나이는 0이 될 수 없고, 40세는 20세에 비하여 두 배나 나이가 많다고 할 수 있기 때문이다.

(7) 역할

변수의 역할을 지정한다. 분석 과정에서 독립변수는 입력으로, 종속변수는 목표로, 사용을 안 할 경우에는 없음으로 지정하고, 독립이나 종속으로 둘 다 사용할 경우에는 모두로 지정한다.

4 출력결과 보기

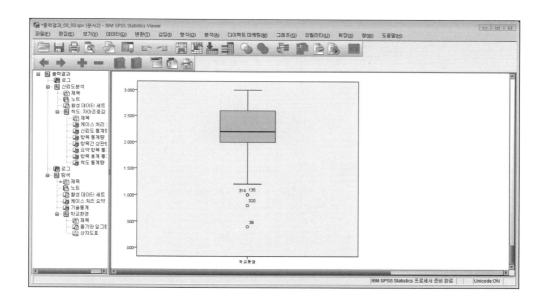

출력결과 보기 창에서는 진행된 각 분석 과정과 결과를 볼 수 있다. 일반적으로 명령문이 아닌 메뉴로 클릭하여 진행된 각 분석 과정에 대한 명령문과 프로시저 과정에서 발생할 수 있는 에러에 대한 메시지도 보여준다.

SPSS 패키지는 두 가지 방식으로 자료분석을 할 수 있다. 일반적으로 데이터 편집기의 드롭다운 방식의 메뉴를 클릭하여 진행할 수 있고, 명령문에 익숙한 사용자는 명령문 창에 직접 명령문을 작성하고 실행하여 원하는 분석 결과를 얻을 수 있다. 명령문에 익숙하지 않더라도 여러 번 메뉴를 클릭하여 얻은 결과를 다음에 다시 얻기 위해서는 출력창의 명령문을 저장 후 실행한다.

기본적으로 SPSS 명령문은 반드시 마침표로 끝내야 하며 대문자 소문자를 구별하지 않는다. 주석을 시작하려면 별표(*) 또는 COMMENT 명령문을 사용한다. 마침표로 끝내는 것을 잊어버린 경우 SPSS는 COMMENT 또는 * 사이의 모든 구문을 주석으로 간주한다.

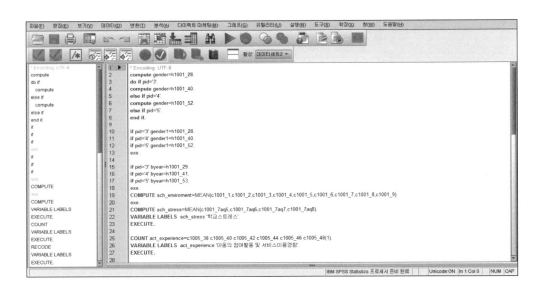

6 변수 계산(생성)

(1) 기존 변수를 이용한 변수 생성

기존 변수를 이용하여 필요한 새 변수를 생성할 때 변수 계산을 이용한다.

문항의 순서를 역순으로 할 때, 예를 들면 번호가 클수록 긍정적인 것이 아닌 부정적인 경우의 순서를 바꾸고 싶을 때, 역방향으로 코딩한 새 변수를 생성한다.

예를 들어 '(차) 나는 자랑스러워할 만한 것이 별로 없다고 느낀다(c1002_10)' 문항의 척도는 (1) 전혀 그렇지 않다 (2) 거의 그렇지 않다 (3) 그렇다 (4) 매우 그렇다로 구성되어 다른 문항의 질문들과 달리 긍정성의 강도가 역방향이다.

이러한 경우 목표변수에 c1002_10r을 입력하고 5-c1002_10을 '숫자표현식'에 작성하여 역방향 변수를 생성한다.

[변환 → 변수 계산]

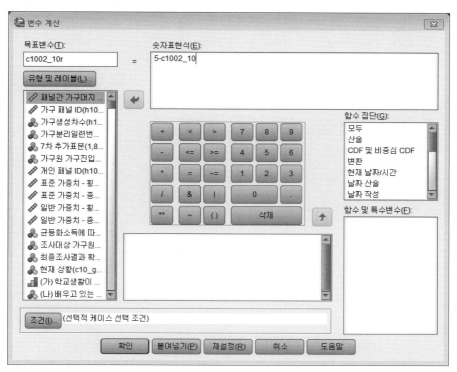

(2) 내장함수를 이용한 변수 생성

mean 함수를 이용하여 국어, 영어, 수학 성적의 평균값으로 학업성적 변수를 생성한다고 해보자. **[변수 계산]** 창의 함수집단에서 Mean을 더블클릭하여 '숫자표현식'으로 이동시키고 국어, 영어, 수학 성적에 해당하는 변수를 아래 그림과 같이 함수의 인수로 입력한 후 **유형 및 레이블**을 클릭한다.

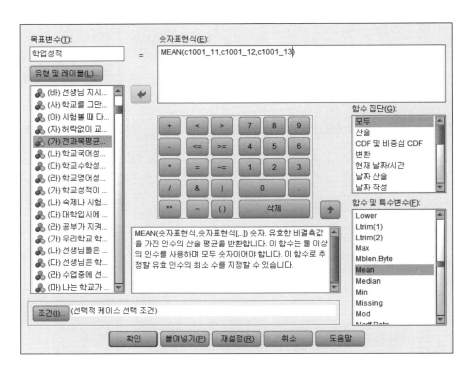

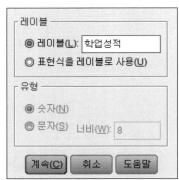

SPSS를 이용한
설문지 작성과 분석

유형에서 반드시 숫자를 체크한다. 숫자 값을 인수로 하는 함수를 이용하여 숫자 값을 갖는 변수를 생성할 경우에는 반드시 유형이 숫자이어야 한다.

7 변수 재코딩(변숫값 재분류)

아버지교육수준, 어머니교육수준과 같이 9등분으로 분류된 레벨을 고등학교 졸업, 전문대 졸업, 대학교 졸업 이상과 같이 3등분으로 재분류하거나 5점 척도로 구성된 수학성적 레벨을 2등분으로 재분류하는 것 등을 할 수 있다. 또한 연속형 변수인 연령을 근거로 순서형 연령대별 변수를 생성하여 연령을 재분류한다.

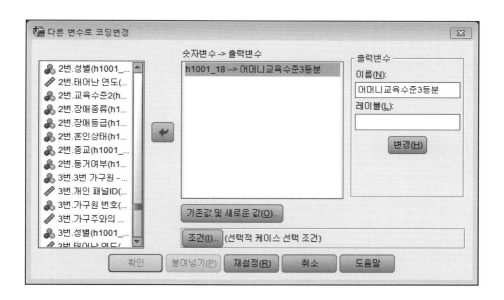

기존값 및 새로운 값을 클릭하여 기존값 1–5까지는 새로운 값 1로, 6은 2로, 7–8은 3으로 아래와 같이 변경한다.

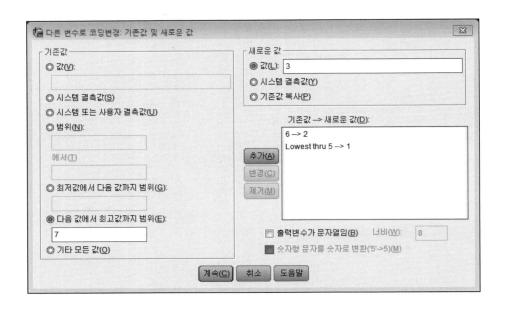

8 시각적 구간화

시각적 구간화는 연속 값을 갖는 변수에 대하여 범주형 그룹변수를 쉽게 생성할 수 있다. 다른 그룹변수 생성과 달리 연속변수에 대한 분포를 시각적으로 판단하며 그룹변수에 대한 절단점을 정하여 할 수 있다는 장점이 있다. 우선 실습 자료를 열기 위해 프로그램이 설치되어 있는 폴더를 찾아서 SPSS를 클릭한다. 대부분의 경우 C:\program Files\IBM에 SPSS 프로그램이 설치되어 있다. SPSS→Statistics→24→Samples→Korean에서 Demo.sav를 선택한다.

연령을 근거로 연령대 변수를 생성하는 예제를 이용하여 시각적 구간화를 구현한다. 아래 표의 기술통계표를 통하여 연령에 대한 대략적 정보를 알 수 있다.

기술통계량

	N	최소값	최대값	평균	표준편차
연령[단위:세]	6400	18	77	42.06	12.290
유효 N(목록별)	6400				

1) 절단점을 이용한 구간화

연령층을 젊은층, 중년층, 노년층
으로 구분하기 위하여 30, 50을 절단
점으로 선택하였다. **변환→시각적 구
간화**에서 그림과 같이 연령을 선택하
여 '구간화할 변수'로 이동하고 **계속**을
클릭한다.

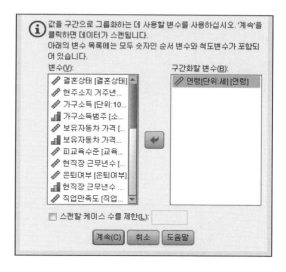

아래와 같이 연령에 대한 분포를 시각적으로 확인하면서 구간변수에 '연령층'과 각 층에
대한 절단점을 상자 안의 변숫값에 입력한다. 추가로 레이블을 기입하고 **확인**을 클릭한다.

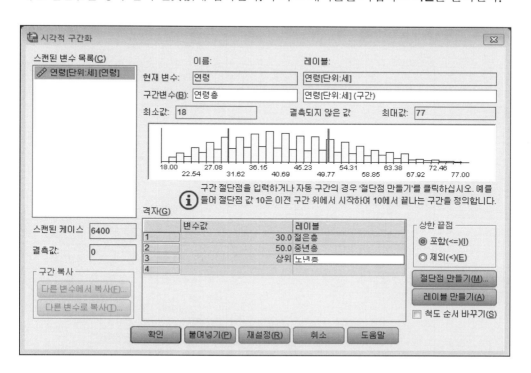

'연령층' 변수가 의도한 대로 생성됐는지 아래와 같이 빈도분석의 결과를 통하여 확인하였다.

연령[단위:세] (구간)

		빈도	퍼센트	유효 퍼센트	누적 퍼센트
유효	젊은층	1270	19.8	19.8	19.8
	중년층	3481	54.4	54.4	74.2
	노년층	1649	25.8	25.8	100.0
	전체	6400	100.0	100.0	

위에서 실시한 방법 외에 동일한 너비로 구간화를 하는 방법과 동일 크기의 백분위로 구간화를 하는 방법, 그리고 평균과 표준편차에 근거한 절단점을 이용하는 방법 등이 있다.

2) 평균과 표준편차를 근거한 구간화

[시각적 구간화]에서 **절단점 만들기**를 클릭한 후 그림과 같이 '스캔된 케이스로부터 계산된 평균과 표준편차에 근거한 절단점'에 체크를 한 후 **적용**을 클릭한다.

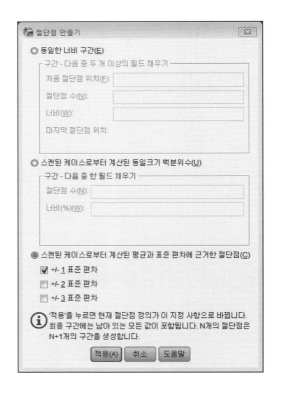

아래 그림과 같이 변숫값에 자동으로 절단점 29.8, 42.1, 54.3이 기입되어 있고 이를 근거로 4개의 구간이 생성될 것이다. 빈도분석을 결과를 통해서 구간화 작업을 확인한다.

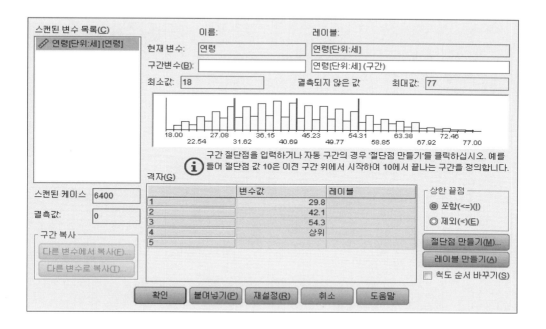

연령이 정확하게 정규분포를 따른다면 2구간과 3구간이 같은 빈도수로 구성되겠지만 아래의 결과는 다른 것을 알 수 있다.

연령[단위:세] (구간)

		빈도	퍼센트	유효 퍼센트	누적 퍼센트
유효	1	1102	17.2	17.2	17.2
	2	2370	37.0	37.0	54.3
	3	1819	28.4	28.4	82.7
	4	1109	17.3	17.3	100.0
	전체	6400	100.0	100.0	

9 다중응답군 자료분석

다중응답 세트에는 다양한 유형의 여러 변수가 포함될 수 있지만 두 범주로 구성된 이분법 변수(예: 예/아니요 또는 0/1) 또는 세 개 이상의 범주로 구성된 변수(예: 국가 이름 또는 운송 수단과 같은 여러 값이 있는 변수)에 적용할 수 있다. 만약에 값 1을 "no"로 정의하고 값 2를 "yes"로 정의한 두 범주로 구성된 이분법 변수가 있다고 가정해보자. 아래와 같은 복수응답의 다중응답 질문은 이분화, 범주화의 2가지 형태로 코드화할 수 있다.

예) 스마트폰을 어떤 경우에 가장 많이 활용합니까? (3가지를 선택해 주기 바랍니다.)
① 학업 및 업무용(메일 확인, 스케줄 관리 등) ② 인터넷 검색 ③ 메신저(카카오톡, 마이피플 등)
④ SNS(트위터, 페이스북 등) ⑤ 쇼핑 ⑥ 금융(은행, 증권 등) ⑦ 게임 ⑧ 음악 감상
⑨ 영화, 인터넷 강의 등의 시청 ⑩ 기타 애플리케이션

1) 케이스 내의 빈도 계산

1. **변환 → 케이스 내의 빈도값**에서 아래 그림과 같이 **목표변수**에 '스마트폰 사용목적'을 입력하고 대상 변수들을 선택해서 이동한다.

값 정의 버튼을 클릭해서 아래와 같이 응답할 문항 번호를 기입한 후 빈도 창에 **추가**, 그리고 **계속**을 누르고 **확인**을 클릭하면 각 응답자들이 선택한 문항 개수들이 **데이터 보기** 창

에 나타난다.

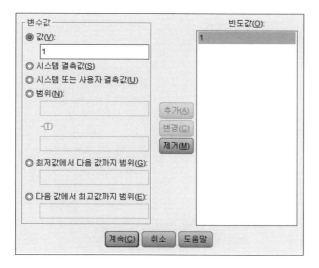

[출력 Data]

앞에서 나타난 결과는 각 응답자가 각각 몇 개의 문항을 선택했는지가 '스마트폰 사용목적'에 값으로 표시된다. 이번에는 각 값들에 대한 빈도분석을 실시하여 선택한 횟수에 대하여 정리를 한다.

2. 스마트폰 사용목적에 대한 빈도분석

분석→기술통계량을 클릭한다.

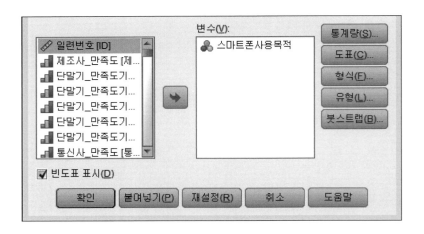

[분석 결과]

스마트폰사용목적

		빈도	퍼센트	유효 퍼센트	누적 퍼센트
유효	1.00	11	5.5	5.5	5.5
	2.00	16	8.0	8.0	13.5
	3.00	171	85.5	85.5	99.0
	4.00	2	1.0	1.0	100.0
	전체	200	100.0	100.0	

위 방법을 통해서는 단지 1개를 선택한 사람이 전체 200명 중 11명, 2개를 선택한 사람이 16명, 그리고 설문지에서 요구한 대로 3개를 선택한 사람이 171명이고 4개를 선택한 응답이 2명임을 알 수 있다.

2) 다중응답군을 이용한 분석

다중응답군 변수군을 정의한 후 빈도분석과 교차분석을 실시하여 선택한 번호의 빈도를 알 수 있다.

분석→다중 반응→변수군 정의
대상 변수들을 선택한 후 변수들의 코딩 형식을 선택하고 상자 밑부분에 변수군의 이름을 작성한 다음 다중반응 변수군에 추가한다. 이 과정으로 다중반응 변수군을 생성하였으므로 이를 이용한 분석 작업을 아래와 같이 추가적으로 시행한다.

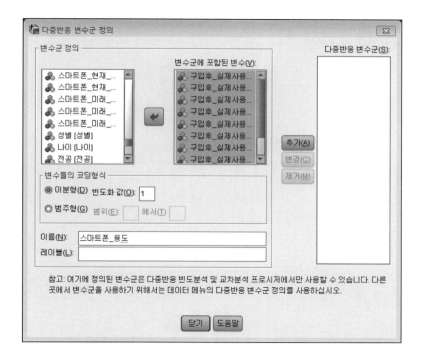

빈도분석을 위하여 **분석 → 다중반응 → 빈도분석**을 선택한다.

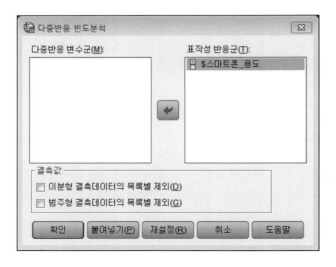

위 표에서 왼쪽 창의 **다중반응 변수군**에서 '스마트폰_용도'를 선택해서 **표작성 반응군**으로 이동시킨 후 **확인**을 클릭한다.

$스마트폰_용도 빈도

		반응		케이스 중 %
		N	퍼센트	
$스마트폰_용도ᵃ	구입후_실제사용_기능_학업및업무	71	12.6%	35.5%
	구입후_실제사용_기능_인터넷	152	27.0%	76.0%
	구입후_실제사용_기능_메신저	162	28.7%	81.0%
	구입후_실제사용_기능_SNS	79	14.0%	39.5%
	구입후_실제사용_기능_쇼핑	12	2.1%	6.0%
	구입후_실제사용_기능_금융	10	1.8%	5.0%
	구입후_실제사용_기능_게임	26	4.6%	13.0%
	구입후_실제사용_기능_음악감상	43	7.6%	21.5%
	구입후_실제사용_기능_영화및인강	8	1.4%	4.0%
	구입후_실제사용_기능_기타	1	0.2%	0.5%
전체		564	100.0%	282.0%

a. 값 1을(를) 가지는 이분형 변수 집단입니다.

SPSS를 이용한
설문지 작성과 분석

위 표의 두 번째와 세 번째 항목의 빈도수가 가장 높은 것을 알 수 있다. 빈도분석 결과가 성별에 따라 차이가 있는지 교차분석을 실시한다.

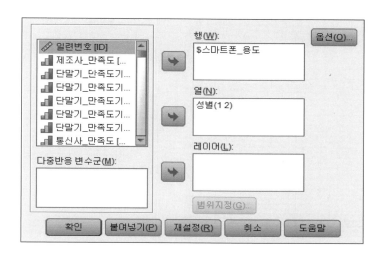

위와 같이 **행**에 '스마트폰_용도'를, **열**에 '성별'을 선택한 후 **옵션**을 클릭한다. 추가적인 정보는 아래 그림과 같이 **셀 퍼센트**에서 '행'을 택한 후 **계속**을 누르면 성별 간 각 항목에 대한 차이를 볼 수 있다.

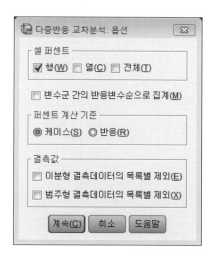

$스마트폰_용도*성별 교차표

			성별		전체
			남성	여성	
$스마트폰_용도[a]	구입후_실제사용_기능_학업및업무	빈도	41	30	71
		$스마트폰_용도 중 %	57.7%	42.3%	
	구입후_실제사용_기능_인터넷	빈도	76	76	152
		$스마트폰_용도 중 %	50.0%	50.0%	
	구입후_실제사용_기능_메신저	빈도	81	81	162
		$스마트폰_용도 중 %	50.0%	50.0%	
	구입후_실제사용_기능_SNS	빈도	39	40	79
		$스마트폰_용도 중 %	49.4%	50.6%	
	구입후_실제사용_기능_쇼핑	빈도	3	9	12
		$스마트폰_용도 중 %	25.0%	75.0%	
	구입후_실제사용_기능_금융	빈도	3	7	10
		$스마트폰_용도 중 %	30.0%	70.0%	
	구입후_실제사용_기능_게임	빈도	14	12	26
		$스마트폰_용도 중 %	53.8%	46.2%	
	구입후_실제사용_기능_음악감상	빈도	20	23	43
		$스마트폰_용도 중 %	46.5%	53.5%	
	구입후_실제사용_기능_영화및인강	빈도	5	3	8
		$스마트폰_용도 중 %	62.5%	37.5%	
	구입후_실제사용_기능_기타	빈도	0	1	1
		$스마트폰_용도 중 %	0.0%	100.0%	
전체		빈도	100	100	200

퍼센트 및 합계는 반응자수를 기준으로 합니다.

a. 값 1을(를) 가지는 이분형 변수 집단입니다.

3장

___

가설검정

통계적 가설은 위 그림과 같이 표본의 정보를 근거로 모집단에 대하여 추론하는 것을 말한다. 예를 들면 '대통령선거에서 특정 후보 A의 지지율이 50%를 넘을 것이다.' 또는 'A후보가 B후보보다 지지율이 높을 것이다' 등의 확인되지 않은 추측성 주장이나 학설을 말한다. 실제로 짧은 시간에 우리가 알고 싶은 전체 모집단을 조사해서 특정 사실에 대하여 판단을 내는 것은 불가능하다. 그러므로 모집단을 대신할 수 있는 표본을 추출해서 얻은 정보를 근거로 모집단에 대한 추측을 하는 것을 가설이라 할 수 있다. 가설은 일반적으로 증명되지 않은 학설이나 주장을 말하며, 통계적 가설은 모집단의 평균, 분산, 비율 등에 대한 추측이라 말 할 수 있다.

(1) 귀무가설과 대립가설

가설에는 귀무가설과 대립가설이 있다. 귀무가설(H_0)은 지금까지 사실로 인식되어온 기존의 이론이나 주장을 말한다. 임상 시험의 한 가지 예를 보면, '신약을 이용한 치료는 현재 치료보다 나을 수 없다'라는 것이 귀무가설이 될 수 있고, 이에 반하여 대립가설(H_1)은 귀무가설에 반대되며 새롭게 제기된 이론이나 학설로서 여기서의 대립가설은 '신약을 이용한 치료는 현재 치료보다 낫다'라는 것이 될 수 있다.

(2) 가설검정

조사나 연구의 대상인 모집단에 관해 새롭게 제기된 이론이나 학설 또는 주장의 사실 여부를 가리기 위해 서로 대립되는 두 개의 가설을 세우고, 실험이나 관측을 통해 이들 중 어느 것이 참인지를 판단하는 것이다. 예를 들어 새로 개발된 약의 효능 실험을 통하여 신약이 우수한지를 판단한다든가, 새로 개발된 품종의 생산량이나 기후 적응력 실험을 통하여 기존의 품종보다 더 우수한지를 통계적 이론에 근거하여 판단하는 것이다.

(3) 검정 방법

귀무가설과 대립가설에 대한 기각 여부는 유의확률(p-값)이나 기각역을 근거로 판단하면 된다. 검정통계량에 의해서 결정되는 유의확률(p-값)과 유의수준을 비교해서 결정하는 것이다. 유의수준(제1종 오류)은 α라고 하며 일반적으로 .05로 정한다. 때에 따라서는 α를 .01이나 .1로 정할 수도 있다. 이것의 차이는 얼마나 가설에 대한 위험률을 허용하느냐 하는 것에 따라 달려 있다. 같은 개념으로 기각역을 근거로 가설의 기각 여부를 결정하고자 한다면 검정통계량이 기각역에 속하는지의 여부에 따라 가설의 기각 여부를 결정할 수 있다. 이 경우 주어진 유의수준(제1종 오류)에 대하여 기각역을 먼저 설정해야 한다.

(4) 유의수준과 기각역

유의수준은 α로 표시되며, 귀무가설이 참일 때 귀무가설을 기각할 확률이다. 예를 들어 유의수준 .05는 실제로는 차이가 없는데 차이가 있다고 결론을 내릴 수 있는 위험이 5%임을 나타낸다. 대립가설의 형태에 따라 주어진 유의수준을 근거로 기각역이 결정되며 검정통계량이 기각역에 속하면 귀무가설을 기각할 수 있다. 유의수준의 값이 크면 클수록 상대적으로 기각역은 넓어지고 반대로 값이 작으면 기각역이 좁아진다.

(5) 검정통계량과 유의확률(p-값)

통계적 가설검정에서 유의확률(p-값, significance probability)은 확률변수로서 0~1 사이의 값을 가진다. 유의확률(p-값)은 표본의 검정통계량에 의해 결정되며 얼마나 표본이 귀무가설을 지지하는지를 나타낸다. 유의확률(p-값)이 작으면(일반적으로 .05 미만) 표본을 근거로 산출된 검정통계량이 귀무가설에 대한 강력한 지지 증거가 없음을 나타내므로 귀무가설을 거부할 수 있다. 반면에 유의확률(p-값)이 크면(.05 이상) 귀무가설을 기각할 충분한 증거가 없음을 나타낸다. 그러므로 유의확률(p-값)이 유의수준보다 작으면 가설을 기각할 수 있다. 반대로 유의확률(p-값)이 유의수준보다 크면 가설을 기각할 수 없다.

(6) 제1종 오류와 제2종 오류

제1종 오류(type I error): H_0가 참인데 H_0를 기각할 오류를 말한다.
제2종 오류(type II error): H_0가 거짓인데 H_0를 채택할 오류를 말한다.

의사결정	H_0 참	H_0 거짓
H_0 기각할 수 없다	참	제2종 오류
H_0 기각한다	제1종 오류	참

제1종 오류와 제2종 오류는 동시에 발생하지 않는다. 제1종 오류는 H_0가 참일 때 발생한다. 반면 제2종 오류는 H_0가 거짓일 때 발생한다. 만약에 제1종 오류가 커지면 제2종 오류는 작아진다. 제2종 오류는 이 외에도 표본의 크기가 커지면 작아지나 분산이 커지면 커진다.

(7) 가설검정 절차

아래의 가설검정 예제를 통하여 가설검정 절차를 알아보자.

가설검정 예제 대한민국의 한 가구당 '평균적으로 식구가 4명이다'라는 가설을 검정하기 위해
100 가구의 표본을 추출하여 평균 3.25명을 얻었다. 모집단의 표준편차는 2.5라고 하자.

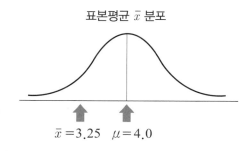

표본평균 $\bar{x}$ 분포

$\bar{x}=3.25$ $\mu=4.0$

(1) 가설을 설정한다.

가설설정: $H_0: \mu = 4$ $H_1: \mu < 4$

(2) 원하는 유의수준을 지정한다.

유의수준 $\alpha = .05$로 하자.

(3) 검정통계량을 근거로 유의확률을 계산한다.

주어진 유의수준에 따라 기각역을 설정하거나, 유의확률(p-값)을 계산한다.

유의확률(p-값) 계산은 아래와 같이 표준화과정을 통해서 할 수 있다.

$$P(\bar{x} < 3.25 \mid \mu=4.0) = P\left\{ z < \frac{3.25-4.0}{\frac{2.5}{\sqrt{100}}} \right\}$$

$$= P(z < -3.0) = .001$$

유의확률(p-값)$= .001$이 유의수준 $.05$보다 작으므로 귀무가설을 기각할 수 있다. 즉
한 가구당 평균 식구 수는 4명보다 작다고 할 수 있다.

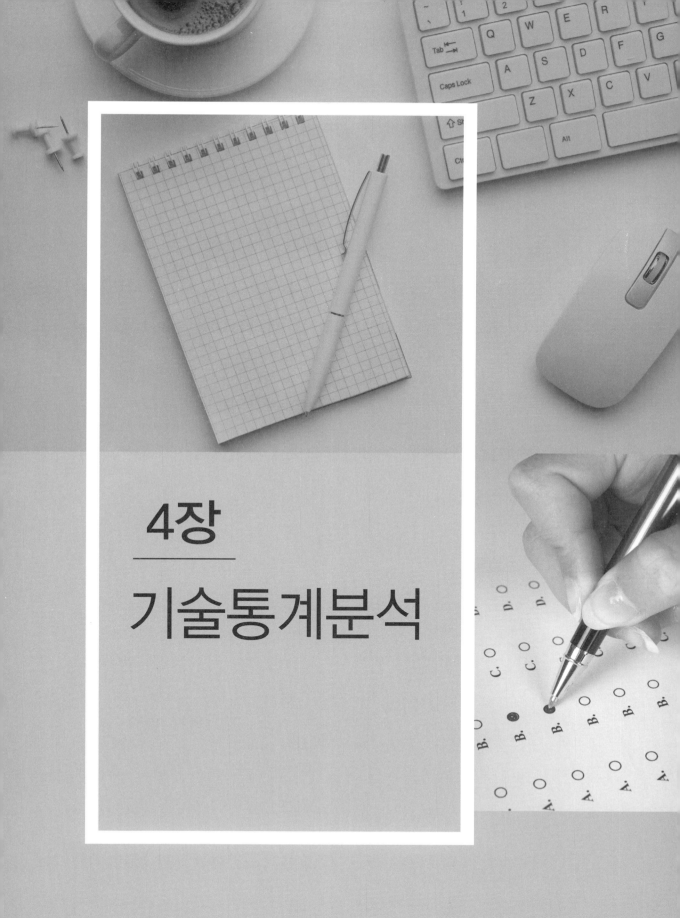

4장

기술통계분석

　기술통계량 메뉴에서 빈도분석과 기술통계를 이용하여 범주형 자료와 연속형 자료의 요약통계를 구할 수 있다. 빈도분석은 일반적으로 범주형 변수를 분석하는 데 사용되지만 기술통계나 탐색 절차에 포함되지 않는 백분위수에 대한 정보를 얻는 데도 사용할 수 있다. 기술통계는 연속(양적)변수의 요약 정보를 얻거나 몇 가지 연속변수를 나란히 비교하는 데 가장 좋다. 탐색은 변숫값에 관계없이 심도 있게 조사하는 데 가장 적합하다. 변수에 대한 요약통계, 신뢰구간, 정규성 검정 및 플롯을 생성할 수 있다.

1 빈도분석

　빈도분석은 명목형 변수나 순서형 변수에 대하여 주로 실시한다. 그 이유는 명목변수 값을 산술적으로 정리하는 것은 의미가 없기 때문이다. Gender(성별), c10_gradre(학년), 그리고 c1001_10(전과목평균성적)에 대하여 빈도분석을 실시하여 각 변수에 대한 정보를 파악해보자.

 **따라 하기**

1. 분석 → 기술통계량 → 빈도분석을 클릭하여 해당 변수들을 선택한다.

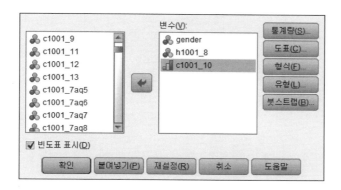

2. 위 그림에서 **도표**를 선택하면 분석된 값을 원도표나 막대도표로 나타낼 수 있다.
일반적으로 연속형 변수에 적용하는 기술통계에서는 도표를 생성할 수 없기 때문에 빈도
분석의 도표에서 히스토그램을 체크하여 정규분포를 따르는지를 판단할 수 있다.

3. 위와 같이 '막대도표'와 '퍼센트'를 택하고 **계속**을 클릭하고 그리고 **확인**을 눌러 빈도분
석 결과를 얻는다.

성별

		빈도	퍼센트	유효 퍼센트	누적 퍼센트
유효	Male	187	48.3	48.3	48.3
	Female	200	51.7	51.7	100.0
	전체	387	100.0	100.0	

수집된 자료의 성별 구성 비율은 남성 48.3%(187명), 여성 51.7%(200명)으로 되어 있다. 막대그래프에 퍼센트를 표시하는 것은 도표편집기의 요소 메뉴를 클릭하고 데이터 레이블 모드를 이용하면 된다.

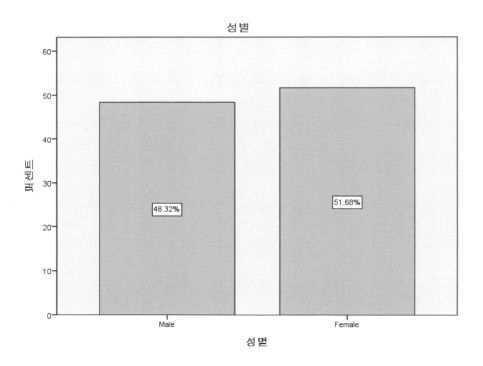

빈도분석 결과 구성 비율은 4학년이 30.2%(117명), 5학년이 33.9%(131명), 6학년이 33.9%(131명)이며 학년을 언급 안 한 응답자는 2.1%(8명)이다. 성별과 학년을 동시에 고려하여 구성 비율을 파악하고자 한다면 교차분석에서 두 변수를 동시에 선택하여 실시하면 된다.

현재 상황(c10_grade)

		빈도	퍼센트	유효 퍼센트	누적 퍼센트
유효	초등4학년	117	30.2	30.9	30.9
	초등5학년	131	33.9	34.6	65.4
	초등6학년	131	33.9	34.6	100.0
	전체	379	97.9	100.0	
결측	시스템	8	2.1		
전체		387	100.0		

위 빈도분석 결과의 유효 퍼센트를 원도표로 표시하였다. 유효 퍼센트란 전체 대상에서 결측 도수를 제외한 수를 100%로 하여 각 학년의 해당 빈도를 퍼센트로 나타낸 값이다. 원도표는 변수의 범주별 상대빈도를 표시하기에 매우 적절한 도표이다.

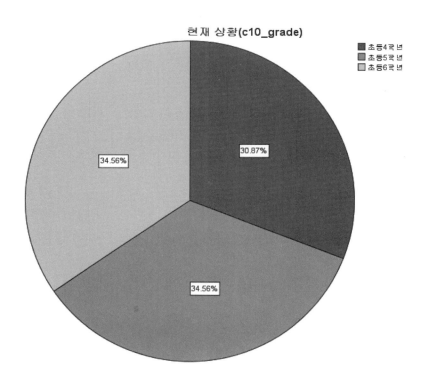

순서형 자료의 요약통계는 빈도분석의 통계량을 선택하여 얻어질 수 있다. 예를 들어 전과목평균성적 문항 C1001_10은 5점 척도로 '아주 못함'부터 '아주 잘함'까지 순서가 있게 구성되어 있다. **통계량**을 클릭하고 '사분위수'와 '최빈값'을 체크하면 25%, 50%, 75% 해당 순위와 가장 빈도수가 많은 값을 알 수 있다.

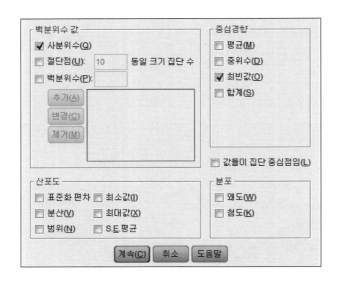

통계량

(가) 전과목평균성적

N	유효	379
	결측	8
최빈값		4
백분위수	25	3.00
	50	4.00
	75	4.00

사분위수는 해당 변수 전체 대상을 가장 작은 값에서부터 큰 값으로 나열하여 아래에서부터 25%, 50%, 75%에 해당되는 값을 출력한다. 50%에 해당되는 값을 중위수(Median)라 하며 순서대로 나열했을 때 중간에 위치하는 값을 말한다.

전과목평균성적 c1001_10 문항에 대한 백분위수 결과를 보면 전체 대상의 25%인 순위 학생의 평균성적이 '중간'이라고 응답했으며 50% 이상의 학생들이 전과목평균성적에 '중간 이상'이라고 답한 것을 알 수 있다.

(가) 전과목평균성적

		빈도	퍼센트	유효 퍼센트	누적 퍼센트
유효	아주못함	3	.8	.8	.8
	중간이하	21	5.4	5.5	6.3
	중간	115	29.7	30.3	36.7
	중간이상	153	39.5	40.4	77.0
	아주 잘함	87	22.5	23.0	100.0
	전체	379	97.9	100.0	
결측	시스템	8	2.1		
전체		387	100.0		

빈도분석 결과 오직 6.3%(24명)만이 '중간 이하'에 응답하고 '중간 이상'과 '아주 잘함'에 대한 응답은 63.4%(240명)이다. 성적이 저조한 대부분의 학생들이 본인들의 성적을 사실대로 응답하기가 어려웠던 것 같다.

2 기술통계

기술통계는 주로 연속변수의 요약정보를 얻는 데 사용한다. 보건복지패널 사용자 가이드 지침에 따라 만든 학교생활과 관련된 학교환경, 학업스트레스 스케일에 대하여 기술분석을 실시한다.

따라 하기

1. 분석 → 기술통계에서 분석하고자 하는 연속형 변수를 택하고 **확인**을 클릭한다.

2. 옵션을 클릭하고 '평균'과 산포도 관련 '표준화 편차', '최소값', '최대값'을 체크하고 분포에서 정규성을 검정할 수 있는 '첨도'와 '왜도'를 체크하고 **계속**을 클릭한 후 **확인**을 한다.

왜도는 분포의 치우침을 나타내는 것으로 아래 그림에서 보는 바와 같이 왼쪽으로 치우치면 0보다 작고, 0보다 크면 오른쪽으로 치우치게 되며, 정규분포를 따르면 0이다.

첨도는 분포가 얼마나 뾰족한가 하는 정도를 나타내며 0보다 작은 경우는 납작한 정도를 나타내고 0보다 클수록 뾰족함이 심한 정도를 나타내며, 정규분포를 따르면 0이다.

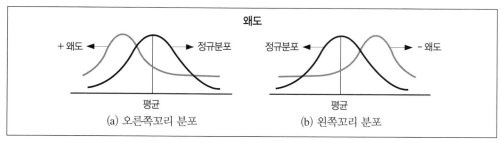

왜도

(a) 오른쪽꼬리 분포   (b) 왼쪽꼬리 분포

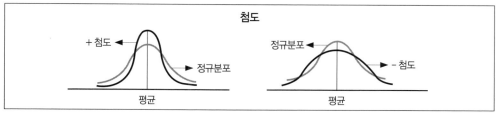

첨도

산포도란 대표값을 중심으로 자료들의 흩어져 있는 정도, 즉 변동성을 의미하는 통계량이다. 만약에 변수의 값들이 모두 같다면 변동성이 없다고 할 수 있다. 반면에 분포를 구성하는 변수의 값들이 모두 다르고 넓게 떨어져 있다면 변동성이 클 것이다.

표준편차는 가장 일반적으로 변동성을 측정하는 데 사용되며 자료가 정규분포를 따를 때 가장 적합한 변동 측정 통계량이다. 순서형 척도로 측정된 자료의 표준편차도 유용하다. 표준편차는 각 관측치에서 전체 관측치의 평균에 대한 편차를 제곱하여 얻어진 점수를 합한다. 이 합계를 N-1로 나눈 값에 제곱근을 취하여 구한다.

아래 분석 결과에서 심리사회적학교환경은 표준편차가 .270인 반면 학업스트레스 표준편차는 .599로 상대적으로 크다고 할 수 있다. 이것은 학생마다 학업에 대한 스트레스를 받는 정도가 매우 다르다는 것을 보여준다.

기술통계량

	N 통계량	최소값 통계량	최대값 통계량	평균 통계량	표준편차 통계량	왜도 통계량	왜도 표준오차	첨도 통계량	첨도 표준오차
학업스트레스	379	1.000	3.500	1.67810	.599224	.721	.125	-.144	.250
심리사회적학교환경	379	1.667	3.778	2.60276	.270034	.064	.125	1.514	.250
유효 N(목록별)	379								

이러한 결과를 도표로 확인하기 위해서는 빈도분석에서 히스토그램을 생성하거나 탐색적 분석을 실시하면 된다.

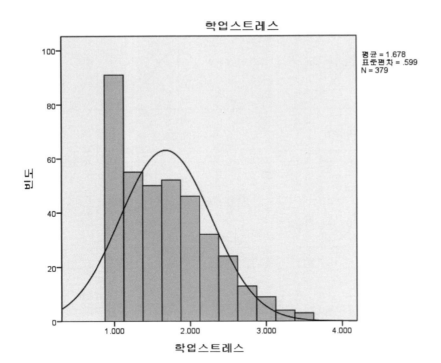

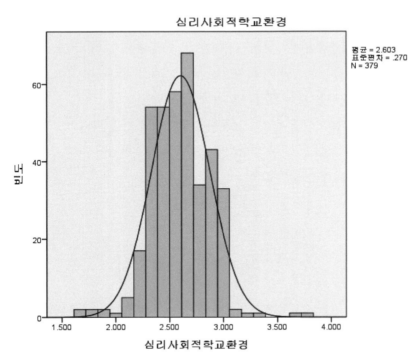

SPSS를 이용한
설문지 작성과 분석

3 데이터 탐색

탐색 분석은 지적한 변수에 대한 상세한 변수 통계와 그래프를 생성할 수 있다. 또한 추론 통계 및 상세한 진단 플롯을 사용하여 변수의 정규성을 평가할 수 있다.

1. 탐색 절차를 실행하려면 **분석 → 기술통계량 → 탐색**을 클릭하여 탐색 분석하고자 하는 변수를 선택하여 '종속변수' 창으로 옮긴다. 성별에 따른 학업성적의 분포를 자세하게 알고 싶다면 '종속변수'에 '학업성적'을 택하고 '요인'에는 범주형 독립변수 'gender'를 택한다.

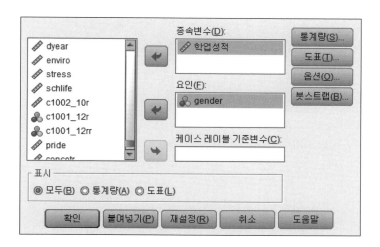

2. 통계량을 클릭하여 '기술통계'를 체크한 후 **계속**을 클릭한다. 이상값 옵션은 상위 5개 최고 및 최저값을 출력하며, 백분위의 옵션은 5, 10, 25, 50, 75, 90, 95번째 백분위수를 생성한다.

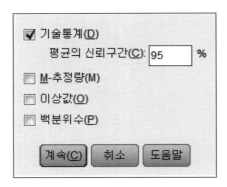

95%의 신뢰구간이란 모집단에서 100개의 표본을 임의로 추출하여 각 경우마다 모수를 포함하는 간격을 산정하면 대략 95개가 모수를 포함한다는 것을 의미한다. 그러므로 만약에 신뢰구간에 모수가 포함되지 않는다면 5% 유의수준에서 귀무가설을 기각할 수 있다.

3. 플롯 선택에는 박스플롯, 줄기 및 잎 플롯, 히스토그램 및 표준 플롯이 포함되어 있으며, 기본적으로 탐색 프로시저에서는 각 수치변수에 대한 상자그림과 줄기 및 잎 도표를 만든다. '상자도표' 영역의 옵션은 둘 이상의 연속변수를 지정했거나 요소변수를 지정한 경우에만 관련이 있으며 '요인 수준들과 함께'를 체크하면 각 연속변수에 대해 별도의 그래프가 작성된다. '종속변수들과 함께'를 체크하면 각 연속변수의 상자그림을 동일한 그래프에 배치할 수 있다. 요인변수가 지정되면 해당 그룹도 해당 상자 플롯에 나타난다.

　'검정과 함께 정규성도표' 옵션은 정규분포 검정과 함께 정규 플롯을 모두 생성한다.

‘검정과 함께 정규성도표’ 옵션을 체크하면 정규성 검정 테이블, 정규 Q-Q 도표 및 비추세화 정규 Q-Q 도표가 출력된다. 정규성의 검정을 하게 되면 Kolmogorov-Smirnov 테스트와 Shapiro-Wilk 테스트 결과가 모두 출력된다.

Kolmogorov-Smirnov(KS)는 비모수적인 검정이며 기술적으로 데이터가 특정 분포(정규분포뿐만 아니라)를 따르는지를 테스트하는 데 사용할 수 있다. 이 검정의 귀무가설은 데이터가 특정분포를 따른다는 것이다. 대립가설은 데이터가 특정분포를 따르지 않는다는 것이다. SPSS에서 분포를 지정하는 것에 대해서는 걱정할 필요가 없으며 탐색 절차에서 자동으로 정규분포를 설정한다.

Shapiro-Wilk 검정은 모수적 방법이며 이것의 귀무가설은 표본이 정규분포로부터 추출되었다는 것이다. 대립가설은 표본이 정규분포에서 추출되지 않았다는 것이다.

귀무가설을 기각하거나 거절하지 않는 기준은 두 검사 모두에서 동일하다.

유의확률(p-값)이 유의수준 α(일반적으로 $\alpha = .05$)보다 작으면 귀무가설을 기각한다. 즉 데이터가 정규분포를 따르지 않는다는 충분한 증거가 있다고 할 수 있다.

유의확률(p-값)이 유의수준 α보다 크면 귀무가설을 기각할 수 없다. 이 경우에는 데이터가 정규분포를 따른다고 결론을 내릴 충분한 증거가 있다.

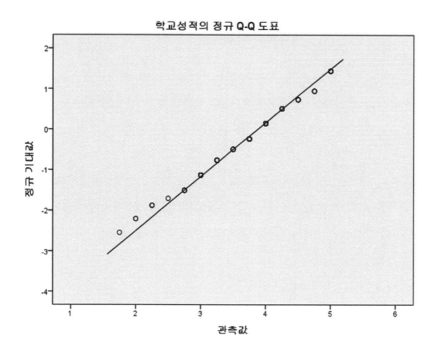

일반 Q-Q 도표 플롯은 실제 관측된 자료의 Quantile(점)과 자료가 정규분포를 따르는 경우에 예상되는 Quantile(실선)을 비교하기 위하여 도표로 작성한다. 자료가 정규분포를 따르면 거의 모든 점들은 선상에 일치한다.

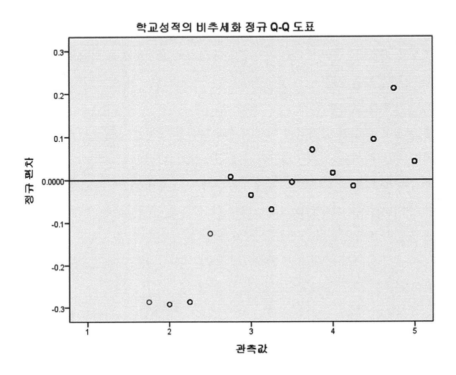

비추세정규 Q-Q 도표는 정규 Q-Q 도표와 동일한 정보를 다른 방식으로 나타낸다. 도표에서 원점의 수평선과의 점들이 일치하면 자료가 정규분포를 따르는 것으로 볼 수 있다. 점들은 관찰된 quantile에서 예상 quantile을 뺀 값으로 계산된다.

상자도표는 두 개 이상의 집단을 사분위를 통해서 도표로 비교하는 매우 효율적인 방법이다. 상자도표는 비모수적 방법이므로 분포를 가정하지 않고 사분위값을 근거로 자료의 변동성을 표시한다. 상자들 사이의 간격은 집단의 분산(확산) 및 왜도의 정도를 나타내며 이상치를 표시한다.

아래 상자도표는 성별에 따른 학교성적이다. 상자 안의 선은 중위수를 나타내고 남성,

여성 모두 4.0으로 같다. 상자 길이(사분위 범위)는 1.25로 전체 남성, 여성 각 집단의 50%가 속해 있다. 상자 안의 선을 중심으로 윗부분에 25%, 아랫부분에 25%의 학업성적이 분포되어 있다. 아래 상자도표에서 상자 안의 선이 위쪽으로 치우쳐 있으므로 아랫부분보다 윗부분에 학업성적이 집중되어 있음을 알 수 있다. 도표에 의하면 두 집단의 학교성적 분포는 거의 같다고 할 수 있다. 단 135번째 여학생의 학교성적이 이상치로 나타났다.

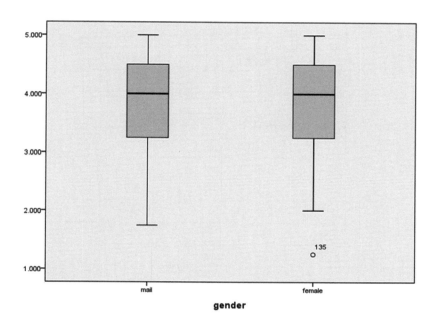

첫 번째 표인 케이스 처리 요약에는 유효한 값의 수를 보여준다. 누락된 데이터 처리를 선택했으므로 분석은 각 변수에 대한 유효한 자료를 사용한다. gender 변수에서 남성은 5명, 여성은 3명이 결측값이 있다.

케이스 처리 요약

	성별	케이스					
		유효		결측		전체	
		N	퍼센트	N	퍼센트	N	퍼센트
학업성적	Male	182	97.3%	5	2.7%	187	100.0%
	Female	197	98.5%	3	1.5%	200	100.0%

아래 표는 성별 학업성적에 대한 자세한 통계량이다. 이러한 정보는 자료가 갖고 있는 구조적 특성을 파악하는 데 도움이 된다.

기술통계

gender				통계량	표준오차
학교성적	male	평균		3.87912	.055738
		평균의 95% 신뢰구간	하한	3.76914	
			상한	3.98910	
		5% 절사평균		3.90858	
		중위수		4.00000	
		분산		.565	
		표준편차		.751943	
		최소값		1.750	
		최대값		5.000	
		범위		3.250	
		사분위수 범위		1.250	
		왜도		−.291	.180
		첨도		−.367	.358
	female	평균		3.89848	.056577
		평균의 95% 신뢰구간	하한	3.78690	
			상한	4.01005	
		5% 절사평균		3.93049	
		중위수		4.00000	
		분산		.631	
		표준편차		.794093	
		최소값		1.250	
		최대값		5.000	
		범위		3.750	
		사분위수 범위		1.250	
		왜도		−.348	.173
		첨도		−.383	.345

남성과 여성의 통계량 비교를 통해서 두 집단의 학업성적 분포가 거의 같다는 것을 더욱 확실하게 알 수 있다. 5% 절사평균값은 상위 5%의 큰 값과 하위 5%의 작은 값을 제외한 전체 대상의 90%의 자료로 계산한 평균값이므로 극단치에 영향을 덜 받는다. 두 집단 모두 평균값과 절사평균값에 있어서 큰 차이가 없으므로 평균이 극단치에 영향을 받지 않음을 알 수 있다.

정규성 검정

gender		Kolmogorov-Smirnov[a]			Shapiro-Wilk		
		통계량	자유도	유의확률	통계량	자유도	유의확률
학교성적	male	.102	182	.000	.957	182	.000
	female	.109	197	.000	.949	197	.000
a. Lilliefors 유의확률 수정							

남학생과 여학생의 학업성적 모두 KS와 Shapiro-Wilk 분석 결과 유의확률(p-값) $<.001$이므로 자료가 정규분포를 따른다는 귀무가설을 받아들일 수 없다. 정규분포를 테스트하는 데 사용할 수 있는 몇 가지 검증 방법이 있긴 하지만 이러한 테스트에만 의존하지 않는 것이 중요하다. 박스플롯, 히스토그램 및 Q-Q 도표와 같은 그래픽 측정값을 사용하여 왜 그런가를 확증해야 한다.

4 교차분석

하나의 범주형 자료를 설명하기 위해서는 빈도표를 작성하고, 두 범주형 자료 간의 관계를 설명하기 위해서는 교차표를 작성한다. 교차표는 한 변수의 범주가 테이블의 행을 결정하고 다른 변수가 열을 결정하며, 각 셀은 두 변수의 특정 경우가 동시에 발생한 횟수를 나타낸다. 교차표의 구성은 테이블의 행 및 열의 수와 같다.

	1열	2열	합계
1행	n_{11}	n_{12}	n_{1+}
2행	n_{21}	n_{22}	n_{2+}
합계	n_{+1}	n_{+2}	n

n_{ij}를 i행 j열의 빈도 횟수로 하고 n을 전체 빈도, 합계로 하자.

행 비율을 계산하기 위한 공식

	1열	2열	합계
1행	n_{11}	n_{12}	n_{1+}
1행 비율	n_{11}/n_{1+}	n_{12}/n_{1+}	
2행	n_{21}	n_{22}	n_{2+}
2행 비율	n_{21}/n_{2+}	n_{22}/n_{2+}	
합계	n_{+1}	n_{+2}	n

열 비율을 계산하기 위한 공식

	1열	2열	합계
1행	n_{11}	n_{12}	n_{1+}
1행 비율	n_{11}/n_{+1}	n_{12}/n_{+2}	
2행	n_{21}	n_{22}	n_{2+}
2행 비율	n_{21}/n_{+1}	n_{22}/n_{+2}	
합계	n_{+1}	n_{+2}	n

총비율을 계산하기 위한 공식

	1열	2열	합계
1행	n_{11}	n_{12}	n_{1+}
1행 비율	n_{11}/n	n_{12}/n	
2행	n_{21}	n_{22}	n_{2+}
2행 비율	n_{21}/n	n_{22}/n	
합계	n_{+1}	n_{+2}	n

성별에 따른 수학성적에 차이가 있는지를 알기 위하여 자료분석을 해보자.

Gender(성별)은 명목형 변수이고 c1001_12(수학성적)는 순서형 척도이다. 두 변수 간의 관계를 분석하기 위하여 교차표를 작성해보자.

1. 분석 → 기술통계량 교차분석에서 '행'에 '수학성적 문항'을, '열'에 'gender'를 택한다.

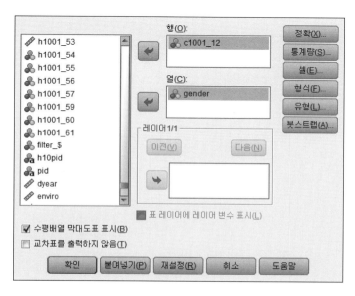

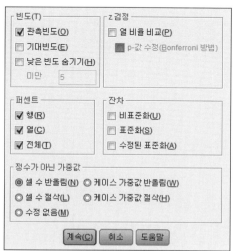

2. 셀을 클릭하여 '빈도'에 '관측빈도'를 '퍼센트'에 '행', '열', '전체'를 체크하고 **계속**을 클릭한다.

3. 추가로 교차표에 대한 도표를 보기 위하여 '수평배열 막대도표 표시'를 체크하고 **확인**을 클릭한다.

(다) 학교수학성적 * 성별 교차표

			Male	Female	전체
				성별	
(다) 학교수학성적	아주못함	빈도	3	4	7
		(다) 학교수학성적 중 %	42.9%	57.1%	100.0%
		성별 중 %	1.6%	2.0%	1.8%
		전체 중 %	0.8%	1.1%	1.8%
	중간이하	빈도	16	23	39
		(다) 학교수학성적 중 %	41.0%	59.0%	100.0%
		성별 중 %	8.8%	11.7%	10.3%
		전체 중 %	4.2%	6.1%	10.3%
	중간	빈도	35	51	86
		(다) 학교수학성적 중 %	40.7%	59.3%	100.0%
		성별 중 %	19.2%	25.9%	22.7%
		전체 중 %	9.2%	13.5%	22.7%
	중간이상	빈도	69	64	133
		(다) 학교수학성적 중 %	51.9%	48.1%	100.0%
		성별 중 %	37.9%	32.5%	35.1%
		전체 중 %	18.2%	16.9%	35.1%
	아주 잘함	빈도	59	55	114
		(다) 학교수학성적 중 %	51.8%	48.2%	100.0%
		성별 중 %	32.4%	27.9%	30.1%
		전체 중 %	15.6%	14.5%	30.1%
전체		빈도	182	197	379
		(다) 학교수학성적 중 %	48.0%	52.0%	100.0%
		성별 중 %	100.0%	100.0%	100.0%
		전체 중 %	48.0%	52.0%	100.0%

행 퍼센트 결과(수학성적 중 해당 집단만 고려)

1) 학교수학성적이 '중간'인 집단 86명 중에서는 남학생이 35명으로 41%, 여학생이 51명으로 59%로 여학생의 비율이 남학생보다 높다.

2) 수학성적이 '아주 잘함' 집단 114명에서는 남학생이 59명으로 52%, 여학생이 55명으로 48%로 남학생 비율이 여학생보다 근소하게 높게 나타났다.

열 퍼센트 결과(성별 중 남성 또는 여성 집단만 고려)

1) 수학성적 '중간'이 남학생 182명 중 19.2%, '중간 이상'은 37.8%, '아주 잘함'은 32.4% 이다. 수학성적 상위권이 전체의 70%를 차지한다.

2) 여학생인 경우에는 수학성적 '중간'이 197명 중 25.9%, '중간 이상'이 32.5%, '아주 잘 함'이 28%'이다. 수학성적 상위권이 전체 60%를 차지한다.

총 백분율(성별과 수학성적 집단을 동시에 고려)

수학성적이 '중간'인 남학생은 전체 379명 중 9.2%이고, 여학생은 13.5%이다. 반면에 수학성적이 '아주 잘함'에 속하는 남학생은 15.6%이고, 여학생은 14.5%이다. '중간' 계층 에서는 여학생의 비중이 높았고 '아주 잘함' 계층에서는 남학생이 약간 높았다.

성별에 따른 학교수학성적 비교

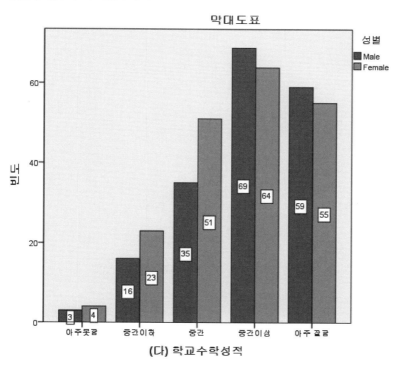

(다) 학교수학성적

이 차트 유형은 행 변수의 범주 내에서의 성별의 차이점을 강조한다. 교차표에 대한 수평배열 막대도표를 보면 '아주 못함'부터 '중간'까지의 범주에 속하는 남학생의 수가 여학생 수보다 많았다. 반면에 '중간 이상'이나 '아주 잘함' 등의 범주에서는 남학생 수가 여학생 수보다 많았다. 그룹 간에 성별의 빈도가 다르므로 성별과 수학성적 간에 연관성을 기대할 수 있다.

5장

범주형
자료분석

1 카이제곱검정

카이제곱(Chi-Square) 독립성검정은 범주형 변수 간의 연관성(즉 변수 간에 독립인지 상관이 있는지)을 결정하는 검정이며 교차표를 사용하여 데이터를 분석한다. 카이제곱 독립성검정은 범주형 변수 간의 연관성만을 평가하고 인과관계에 대한 추론을 제공할 수 없다. 이 검정은 비교적 큰 표본크기를 필요로 하며 각 셀에 기대되는 빈도가 5 미만인 셀의 비율이 20%보다 작아야 하기 때문에 각 셀에 대하여 비교적 빈도가 균등해야 한다.

앞에서 교차분석법으로 분석한 성별과 수학성적 간에 연관성이 있는지 분석해보자. 카이제곱 분석의 단점은 범주형 자료의 범주가 많을수록 유의 가능성이 높아지는 것이다. 그래서 수학성적변수의 범주를 병합해 '보통'과 '우수'로 이분하여 분석을 해보자.

'수학성적이분'이라는 변수를 생성하여 수학성적변수의 범주에서 '아주 못함', '중간 이하', '중간'을 합하여 '보통' 범주로 하고 1로 정의한다. 나머지 집단을 '우수'의 범주에 두고 2로 정의한다. 변수 생성 과정은 아래와 같이 진행한다.

1. 수학성적에 해당하는 'c1002_12'를 선택하고 '출력변수'에 '수학성적이분'을 입력하고 **변경**을 클릭한다.

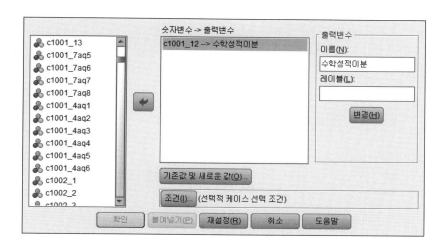

2. 위 도표에서 **기존값 및 새로운 값**을 클릭하고 아래 도표와 같이 기존 변수 수학성적의 값 1–3을 수학성적이분의 1로, 나머지를 2로 정의한 후 **계속**을 클릭하고 **확인**을 누른다. 반드시 생성된 변수에 대하여 빈도분석을 통해서 결과를 확인한다.

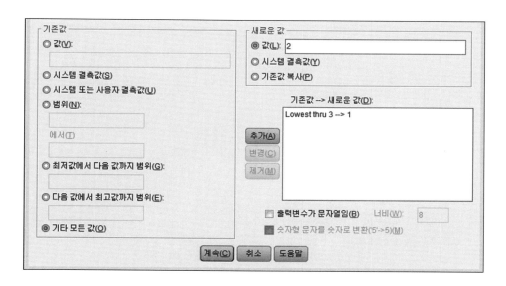

3. 수학성적이분과 성별과의 독립성검정을 위하여 **분석 → 기술통계량 → 교차표**를 택하여 카이제곱검정을 실시한다.

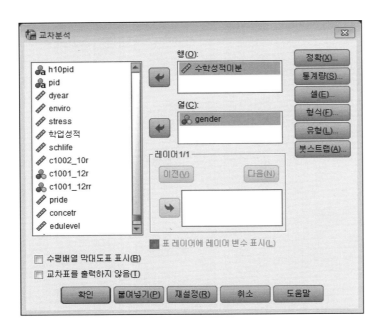

4. 통계량을 클릭하여 '카이제곱'을 체크한 후 **계속**을 클릭한다.

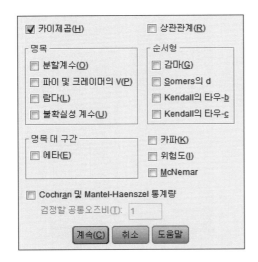

5. 교차분석 메뉴에서 **셀**을 클릭하여 셀 표시에서 '관측빈도', '기대빈도' 그리고 '열' 퍼센트를 체크한다.

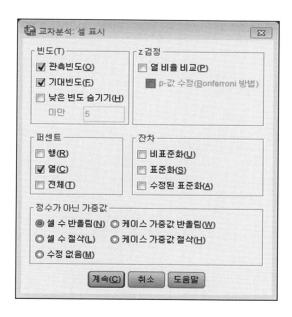

수학성적이분 * 성별 교차표

			성별		전체
			Male	Female	
수학성적이분	보통	빈도	54	78	132
		기대빈도	63.8	68.2	132.0
		성별 중 %	28.9%	39.0%	34.1%
	우수	빈도	133	122	255
		기대빈도	123.2	131.8	255.0
		성별 중 %	71.1%	61.0%	65.9%
전체		빈도	187	200	387
		기대빈도	187.0	200.0	387.0
		성별 중 %	100.0%	100.0%	100.0%

교차표에 의하면 수학성적이분이 '보통'인 남학생은 187명 중 29%를 차지하는 반면에 여학생은 200명 중 39%를 차지한다. 수학성적이분의 '보통' 집단에서는 여학생의 비율이

남학생보다 높게 나타났다. 반면에 수학성적이분의 '우수'에서는 남학생이 133명으로 남학생 중 71%를, 여학생은 122명으로 여학생 중 61%를 차지한다. 수학성적이분의 '우수' 집단에서는 남학생 비율이 여학생보다 높게 나타난다. 카이제곱테스트는 성별과 수학성적이 독립인지 아닌지, 즉 연관성이 있는지 없는지를 검정한다.

수학성적이분 * 성별 교차표

			성별 Male	성별 Female	전체
수학성적이분	보통	빈도	54	78	132
		기대빈도	63.8	68.2	132.0
		잔차	-9.8	9.8	
	우수	빈도	133	122	255
		기대빈도	123.2	131.8	255.0
		잔차	9.8	-9.8	
전체		빈도	187	200	387
		기대빈도	187.0	200.0	387.0

기대빈도 값이 표시되면 모든 셀의 예상 값이 5보다 큰지 확인할 수 있다.

실제 관측치와 기대빈도를 이용하여 카이제곱식에 대입하여 통계량을 얻는다.

$$\chi^2 = \sum_{i=1}^{2} \sum_{j=1}^{2} \frac{(o_{ij} - e_{ij})^2}{e_{ij}} = \frac{(54-63.8)^2}{63.8} + \frac{(78-68.2)^2}{68.2} + \frac{(133-123.2)^2}{123.2} + \frac{(122-131.8)^2}{131.8} = 4.406$$

$$df = (2-1)*(2-1) = 1$$

카이제곱 검정

	값	자유도	근사 유의확률 (양측검정)	정확 유의확률 (양측검정)	정확 유의확률 (단측검정)
Pearson 카이제곱	4.406[a]	1	.036		
연속성 수정[b]	3.968	1	.046		
우도비	4.426	1	.035		
Fisher의 정확검정				.042	.023
선형 대 선형결합	4.395	1	.036		
유효 케이스 수	387				

a. 0 셀 (0.0%)은(는) 5보다 작은 기대 빈도를 가지는 셀입니다. 최소 기대빈도는 63.78입니다.

b. 2x2 표에 대해서만 계산됨

카이제곱검정은 두 명목변수가 통계적으로 유의한 관계가 있는지를 검정하는 데 사용된다. 이 검정은 두 변수 사이에 연관성이 유의한지를 알려주지만 관계의 강도를 나타내지는 않는다. 표에서 Pearson 카이제곱 = 4.406, 유의확률(p-값) = .036 < .05이므로 유의수준 .05에서 성별과 수학성적 간에 독립이다라고 할 수 없다. 아래 수평배열 막대도표를 보면 수학성적이분의 '보통' 집단에서는 여학생의 빈도가 높고, 수학성적이분의 '우수' 집단에서는 남학생의 빈도가 높으므로 성별에 따라 수학성적이분에 대한 결과가 다르게 나타나는 것을 알 수 있다.

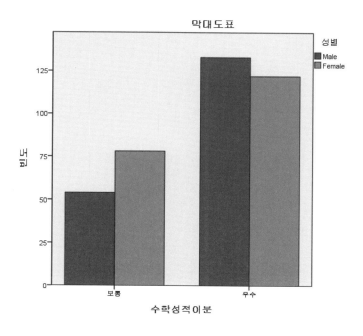

6장

평균비교

평균은 연속적인 자료의 대표값으로 집단에 대한 척도를 나타낼 수 있다. 예를 들어 특정 집단에 속하는 여러 그룹에서 동일한 시험을 치르고 나면 가장 먼저 생기는 관심사 중의 하나는 그룹의 시험에 대한 성과를 나타낼 수 있는 평균값이 어느 정도인가 하는 것이고, 각 그룹의 평균값을 통하여 그 집단에 대한 비교가 이루어질 것이다. 이러한 평균 비교를 하는 방법에는 일표본 T 검정, 독립표본 T 검정, 대응표본 T 검정, 일원배치 분산분석 등이 있다.

1 일표본 T 검정

일표본 T 검정은 모수적인 검정 방법으로 표본평균이 이미 알려진 모집단의 가정된 모평균과 다른지를 검정하는 방법이다. 표본이 정규분포를 따르지 않는다면 비모수적 평균검정을 이용하는 것이 바람직하다. 예를 들어 5점 척도로 측정된 학교성적의 과거 평균이 3.5였다면, 표본자료를 통해서 가설 '학업성적의 모집단 평균이 3.5일 것이다'가 타당한지를 일표본 T 검정 방법으로 검정해야 한다.

 **따라 하기**　　분석 → 평균비교 → 일표본 T 검정

1. 아래와 같이 '검정 변수'에 '학업성적'을 택하고 '검정값'에 '3.5'를 입력한다.

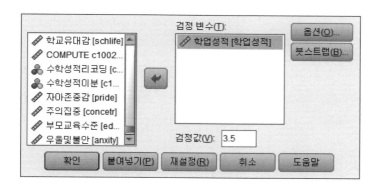

2. **옵션**에서 '신뢰구간 95%'를 입력한 후 **확인**을 눌러 분석을 진행한다.

일표본 통계량

	N	평균	표준편차	평균의 표준오차
학업성적	379	3.88918	.773179	.039716

위 표에서 표본에 대한 평균이 3.889이고, 표준편차가 .773임을 알 수 있다.

일표본 검정

검정값 = 3.5

	t	자유도	유의확률 (양측)	평균차이	차이의 95% 신뢰구간 하한	상한
학업성적	9.799	378	.000	.389182	.31109	.46727

위 표에서 양측검정에 대한 유의확률(p-값) < .001이 .05보다 작으므로 일표본 검정 결과 '모평균이 3.5이다'라는 가설은 유의수준 .05 수준에서 기각할 수 있다. 학업성적에 대한 95% 신뢰구간은 (.31109, .46727)로 구간이 0을 포함하지 않으므로 역시 귀무가설을

기각할 수 있다.

2 독립표본 T 검정

독립표본 T 검정은 독립된 두 집단의 평균비교를 하기 위한 검정이다. 두 개의 독립적인 그룹의 평균비교를 통하여 관련 모집단의 평균이 유의하게 다른지를 판단한다. 이 검정에 필요한 변수는 비교하고자 하는 값을 포함하는 연속형 종속변수와 집단을 나타내는 명목형 독립변수이다.

각 집단의 종속변수는 정규분포를 따른다는 가정이 필요하며, 이를 가정할 수 없을 경우에는 비모수적인 분석 방법을 사용할 것을 권한다. 또한 두 집단의 분산이 동일한 경우와 동일하지 않은 경우에 따른 검정통계량의 결과로 평균비교에 대한 가설을 판단한다. 이 검정의 귀무가설은 '두 집단 평균이 동일하다'이고 이에 대한 대립가설은 '두 집단의 평균이 동일하지 않다'이다. 예를 들어 자아존중감에 대한 남학생과 여학생 간의 성별의 차이가 있는지를 알고자 한다면 귀무가설 '남학생과 여학생의 자아존중감의 평균값은 동일하다'를 독립표본 T 검정으로 분석을 해야 한다.

따라 하기

1. 분석 → 평균비교 → 독립표본 T 검정을 클릭한 후 아래 그림과 같이 '자아존중'을 선택하여 '검정 변수'로 선택하고 '집단변수'에 'gender'를 선택한다.

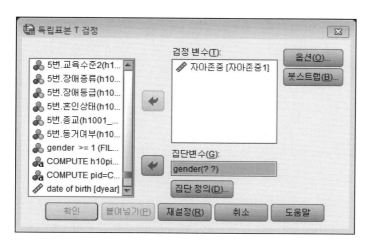

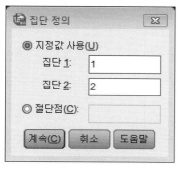

2. 위 그림과 같이 gender의 남학생과 여학생을 나타내는 코드 '1'과 '2'를 입력한 후 **계속**을 누르고 확인한다.

집단통계량

	성별	N	평균	표준편차	평균의 표준오차
자아존중	Male	182	3.21036	.481167	.035666
	Female	197	3.15591	.475378	.033869

위의 표는 남, 여 집단에 대한 평균, 표준편차 등의 요약통계량을 보여준다.

두 집단의 평균과 표준편차는 극한값에 따라 좌우될 수 있으므로 시각적으로 집단의 분포를 비교해봐야 한다.

독립표본 검정

		Levene의 등분산 검정		평균의 동일성에 대한 T 검정						
		F	유의확률	t	자유도	유의확률 (양측)	평균차이	차이의 표준오차	차이의 95% 신뢰구간	
									하한	상한
자아존중	등분산을 가정함	.427	.514	1.108	377	.269	.054451	.049162	-.042215	.151117
	등분산을 가정하지 않음			1.107	373.869	.269	.054451	.049186	-.042264	.151166

위 표에서 왼쪽은 평균비교를 위한 가정인 분산의 동일성을 검정하는 'Levene의 등분산 검정' 결과를 보여주고, 오른쪽은 가정에 따른 평균비교 검정에 대한 결과를 나타낸다. Levene의 등분산 검정 결과의 유의확률이 .05보다 커서 귀무가설 '두 집단의 분산이 동일하다'를 기각할 수 없다면 위 표에서 '등분산을 가정함'의 평균의 동일성에 대한 결과를 근거로 두 집단의 평균비교에 대하여 검정한다. 그렇지 않고 유의확률이 .05보다 작아서 귀무가설이 기각된다면 '등분산을 가정하지 않음'의 결과를 근거로 평균비교에 대하여 검정한다. 자아존중의 남, 여 집단에 대한 평균비교를 위한 Levene의 등분산 검정은 $F = .427$, $p = .514$이므로 유의수준 .05에서 '두 집단의 분산이 동일하다'는 가설을 기각할 수 없다. 따라서 '등분산을 가정함'에 해당하는 평균비교 결과는 $t = 1.108$, 자유도 $= 377$, 그리고 유의확률(p-값) $= .269$이므로 유의수준 .05에서 '두 집단의 평균이 동일하다'는 가설을 기각할 수 없다.

3 대응표본 T 검정

대응표본 T 검정은 독립된 표본이 아닌 동일한 개인 또는 대상의 측정된 자료의 평균을 비교한다. 예를 들면 동일인에게 시간적 간격을 두고 시행된 사전, 사후 검사나, 동일인의 왼쪽, 오른쪽 청력과 같은 것이 있다. 이 검정의 목적은 특정 결과에 대해 쌍으로 된 관찰 값에 차이가 있는지를 검정하는 것이다.

학생들의 아버지교육수준과 어머니교육수준이 차이가 있는지 평균비교를 해보자. 아버지교육수준과 어머니교육수준은 독립된 표본이 아니기 때문에 독립표본 T 검정은 적절하지 않아 대응표본 T 검정을 이용하여 검정한다.

1. 분석 → 평균비교 → 대응표본 T 검정을 클릭하여 아래 그림과 같이 평균비교를 할 두 변수를 선택한다.

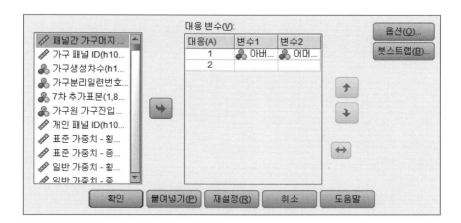

2. 옵션에서 일반적으로 선택하는 '95%'를 '신뢰구간'에 입력한 후 **확인**을 클릭하여 분석을 실행한다.

대응표본 동계량

		평균	N	표준편차	평균의 표준오차
대응 1	아버지교육수준	5.94	387	1.169	.059
	어머니교육수준	5.83	387	1.017	.052

대응표본 통계량을 통해서 두 변수에 대한 평균과 표준편차 등 요약통계량을 얻을 수 있다.

대응표본 상관계수

		N	상관관계	유의확률
대응 1	아버지교육수준 & 어머니 교육수준	387	.673	.000

아버지교육수준과 어머니교육수준은 상관도가 .673이다. 이것은 높은 교육수준의 남성과 비슷한 수준의 여성이 결혼하는 사례가 많은 것을 나타낸다.

대응표본 검정

		대응차							유의확률 (양측)
		평균	표준편차	평균의 표준오차	차이의 95% 신뢰구간		t	자유도	
					하한	상한			
대응 1	아버지교육수준 - 어머니 교육수준	.101	.895	.045	.011	.190	2.216	386	.027

검정 결과 $t = 2.216$, 유의확률(p-값) = .027이므로 유의수준 .05에서 '아버지교육수준과 어머니교육수준은 동일하다'라는 가설을 기각할 수 있다. 분석 결과에 의하면 아버지의 교육수준이 어머니의 교육수준보다 높다고 말할 수 있다.

4 일원배치 분산분석

일원분산분석은 두 개 이상의 독립적인 집단을 비교하여 관련 집단의 평균이 유의하게 다른지의 여부를 결정한다. 일원분산분석(One-Way ANOVA)은 모수적 분석 방법으로 두 개 이상의 그룹 간의 평균차이를 검정하는 데 사용된다. 그룹 간의 평균비교를 하기 위해서는 각 집단의 분산이 동일해야 하고 정규분포를 따라야 한다. 이 가정을 위반하고 표본의 크기가 그룹 간에 심하게 다른 경우 전체 F 테스트의 p값은 신뢰할 수 없다. 이러한 조건에서는 Browne-Forsythe 또는 Welch 통계와 같이 모집단 간의 동일 분산을 가정하지 않는 대체 통계를 사용해야 한다.

어머니교육수준에 의한 학생들의 학력 차이가 존재하는지 알기 위하여 일원분산분석

을 이용하여 분석을 해보자. 어머니교육수준을 고등학교까지, 전문대학, 대학졸업 이상
의 3단계로 분할한 h1001_18_3을 요인으로 활용한다.

따라 하기

1. **분석 → 평균비교 → 일원배치 분산분석**을 클릭하여 아래와 같이 해당 변수를 선택한다.

2. **옵션**을 선택하여 '기술통계' 그리고 분산분석의 가정을 체크하는 '분산 동질성 검정'과
시각적으로 평균비교를 할 수 있는 '평균 도표'를 체크한 후 **계속**을 눌러 **확인**한다.

기술통계

학업성적

	N	평균	표준편차	표준오차	평균에 대한 95% 신뢰구간		최소값	최대값
					하한	상한		
고졸이하	166	3.69428	.770368	.059792	3.57622	3.81233	1.250	5.000
전문대졸	90	3.97222	.815445	.085955	3.80143	4.14301	2.000	5.000
대졸이상	123	4.09146	.682981	.061582	3.96956	4.21337	1.750	5.000
전체	379	3.88918	.773179	.039716	3.81109	3.96727	1.250	5.000

각각의 집단에 대한 학업성적의 기술통계를 볼 수 있다. 교육수준에 따라 학업성적 평균점수가 높게 나타났다.

분산의 동질성 검정

학업성적

Levene 통계량	자유도1	자유도2	유의확률
2.503	2	376	.083

Levene의 분산 동질성 검정 결과 유의확률 .083이 .05보다 크므로 유의수준 .05에서 귀무가설 '각 그룹의 분산은 동일하다'를 기각할 수 없다. 그러므로 세 집단의 평균비교를 위한 분산이 같다는 기본적인 가정이 위배되지 않는다.

ANOVA

학업성적

	제곱합	자유도	평균제곱	F	유의확률
집단-간	11.959	2	5.980	10.506	.000
집단-내	214.011	376	.569		
전체	225.971	378			

분산분석(ANOVA) 결과는 여러 그룹의 평균비교를 판단하는 통계량을 제공한다.

분산분석은 반응(종속)변수인 학업성적에 대한 전체 분산을 집단-간과 집단-내로 분리하여 얻어진 제곱합을 각각의 자유도로 나눈 평균제곱의 비율인 F값이 산출된다. 분석 결과에 의하면 $F(2, 376) = 10.506$, 유의확률(p-값) < .001이므로 유의수준 .05에서 가설 '세 그룹의 평균은 동일하다'를 기각할 수 있다. 그러나 어떤 그룹의 평균이 다른지를 알기 위하여 추가적인 사후분석이 필요하다.

분산분석에서 여러 개의 평균을 비교한 결과 가설 '그룹의 평균이 동일하다'를 거절한다면 추가적인 사후분석을 통해서 구체적으로 어떤 그룹의 평균이 차이가 있는지 파악해야 한다.

3. 분석 → 일원배치 분산분석에서 **사후분석**을 클릭하여 아래와 같이 '등분산을 가정함'에서 'Scheffe'나 'Tukey 방법'(HSD)을 체크하고 **계속**을 눌러 확인한다. 만약에 등분산 가정함이 위배된다면 '등분산을 가정하지 않음'에서 'Games-Howell' 등을 체크하여 분석을 진행한다.

다중비교

종속변수: 학업성적
Tukey HSD

(I) 어머니교육수준3분할	(J) 어머니교육수준3분할	평균차이(I-J)	표준오차	유의확률	95% 신뢰구간	
					하한	상한
고졸이하	전문대졸	-.277945*	.098757	.014	-.51032	-.04557
	대졸이상	-.397186*	.089757	.000	-.60839	-.18599
전문대졸	고졸이하	.277945*	.098757	.014	.04557	.51032
	대졸이상	-.119241	.104650	.490	-.36549	.12700
대졸이상	고졸이하	.397186*	.089757	.000	.18599	.60839
	전문대졸	.119241	.104650	.490	-.12700	.36549

*. 평균차이는 0.05 수준에서 유의합니다.

　　다중비교 결과 고졸이하와 전문대졸 그룹의 평균은 유의확률 .014로 유의수준 .05보다 작으므로 가설 '두 집단의 평균이 동일하다'를 기각할 수 있다. 고졸이하와 대졸이상의 집단도 유의확률(p-값)<.001이므로 같은 결과를 얻을 수 있다. 반면 전문대졸과 대졸이상 그룹의 평균비교 결과는 유의확률이 .490으로 유의수준 .05보다 크다. 그러므로 가설 '두 집단의 평균이 동일하다'를 기각할 수 없다.

　　95% 신뢰구간의 하한값과 상한값의 구간이 0을 포함하는가를 통해서도 평균비교에 대한 가설의 기각 여부를 판단할 수 있다.

7장

상관분석

상관분석은 두 변수 간의 상관관계가 있는지를 파악하고 두 변수 간의 관계의 강도와 방향을 측정하는 통계량이다. 상관계수의 값은 +1에서 −1 사이이며, 그 값이 절대값 1에 가까우면 강도가 강하고 0에 가까워질수록 약한 관계를 나타낸다. 상관분석은 선형상관관계를 나타내는 피어슨(Pearson) 분석과 순위상관을 측정하는 스피어만(Spearman) 분석이 있다. 피어슨 상관분석은 두 변수가 정규분포를 따른다는 가정하에 선형관계의 상관도를 분석한다. 스피어만 상관분석은 데이터가 순서형이거나 연속인 자료에 대하여 적용하며, 비모수적인 방법이므로 정규분포를 가정할 필요가 없다.

산점도를 사용하여 변수 간의 관계를 시각화할 수 있다. 두 변수가 모두 연속형인 경우 관계의 패턴을 감지할 수 있는지의 여부를 확인할 수도 있다. 통계분석을 수행하기 전에 먼저 변수 간의 관계에 대한 특성을 이해하는 것이 중요하다.

특히 연속변수의 이상값(극한값)은 상관계수 값에 영향을 줄 수 있기 때문에 산점도를 통하여 관계를 파악하는 것이 무엇보다 중요하다. 예를 들어 학생들의 학업성적과 어머니의 교육수준의 연관성을 파악하고자 한다면 상관분석을 실시하기 전에 산점도를 먼저 작성하는 것이 바람직하다.

따라 하기

1. 그래프 → 레거시 대화상자 → 산점도를 클릭한다.

2. 두 변수 간의 산점도 작업을 위해서는 '단순산점도'를 선택하고, 여러 변수 간의 산점도를 같이 보고 싶다면 '행렬산점도'를 선택하여 진행하면 된다. '단순산점도'를 선택하여 'X축'에 '어머니교육수준', 'Y축'에 '학업성적'을 택한 후 **확인**을 클릭하면 산점도가 생성된다.

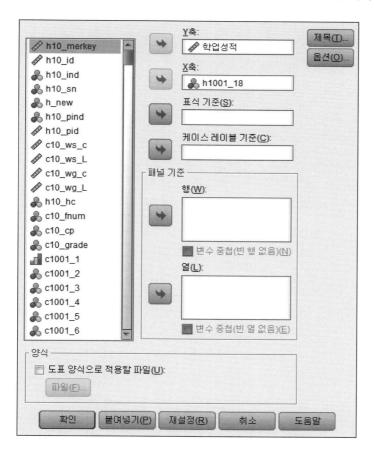

아래 도표의 Y축은 각 학생들의 학업성적이고, X축은 어머니의 교육수준을 나타낸다. 위 점들을 대표하는 회귀선을 추가할 수 있으며 회귀선을 통하여 상관도의 강도를 대략적으로 파악할 수 있다. 아래의 산점도를 통해서 볼 수 있듯이 어머니교육수준이 증가함에 따라 학업성적이 다소 높은 경향이 있다. 이를 통해서 어머니의 교육수준이 높은 학생들의 학업성적이 그렇지 않은 학생들에 비하여 다소 높은 경향이 있는 것을 볼 수 있다.

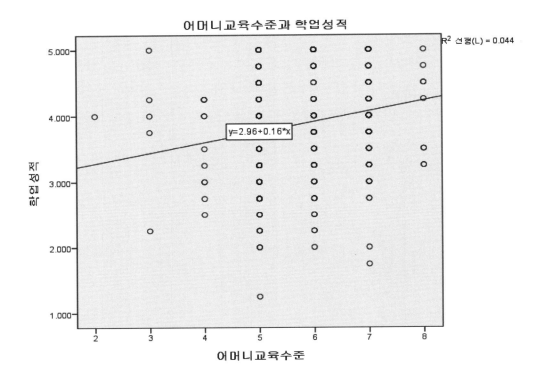

이번에는 학업스트레스와 학업성적 간의 관계를 분석해보자.

위와 같은 절차로 Y축에 '학업성적'을, X축에 '학업스트레스'를 선택한 후 산포도를 작성한다.

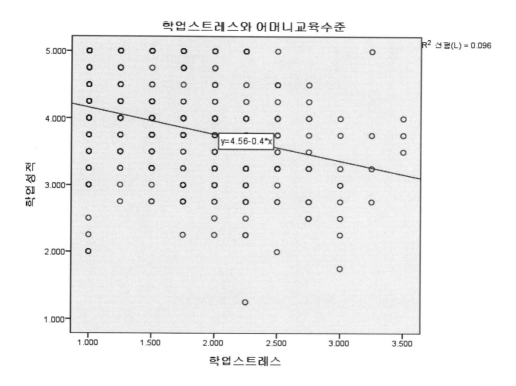

학업스트레스와 어머니교육수준

$y=4.56-0.4*x$

R^2 선형(L) = 0.096

부모의 교육수준과 학교성적은 양의 상관관계가 있어 보이지만 학교스트레스와 학교성적은 음의 관계가 있어 보인다. 위 산점도를 통해서 짐작한 어머니의 교육수준과 학업성적 그리고 학업스트레스와 학업성적 간의 상관계수를 구해보자.

각 변수가 정규분포를 따르지 않는 경우를 고려해서, 스피어만 상관계수도 구해 보기로 한다.

 **따라 하기**

1. 분석 → 상관분석 → 이변량상관에서 '학업성적', '어머니교육수준', 그리고 '학업스트레스'를 선택하고 'Pearson'과 'Spearman' 그리고 '유의성 검정'을 '양측'으로 체크하고 **확인**을 클릭한다.

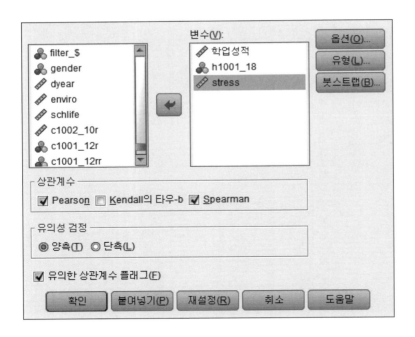

아래 표에 의하면 학교성적과 어머니의 교육수준과의 피어슨 상관계수는 $r = .201$이고 유의확률(p-값) $< .001$로 유의하다. 산점도에서 본 바와 같이 어머니의 교육수준이 높은 학생이 학교성적도 높은 경향이 있다. 학업스트레스와 학업성적은 $r = -.310$로 유의확률(p-값) $< .001$로 유의하다. 또한 학업에서 스트레스를 많이 받는 학생이 학업성적이 낮은 경향이 있다.

상관관계

		학업성적	어머니교육수준	학업스트레스
학업성적	Pearson 상관	1	.210[**]	-.310[**]
	유의확률 (양측)		.000	.000
	N	379	379	379
어머니교육수준	Pearson 상관	.210[**]	1	-.084
	유의확률 (양측)	.000		.103
	N	379	387	379
학업스트레스	Pearson 상관	-.310[**]	-.084	1
	유의확률 (양측)	.000	.103	
	N	379	379	379

**. 상관관계가 0.01 수준에서 유의합니다(양측).

상관관계

			학업성적	어머니교육수준	학업스트레스
Spearman의 rho	학업성적	상관계수	1.000	.221**	-.308**
		유의확률 (양측)	.	.000	.000
		N	379	379	379
	어머니교육수준	상관계수	.221**	1.000	-.104*
		유의확률 (양측)	.000	.	.044
		N	379	387	379
	학업스트레스	상관계수	-.308**	-.104*	1.000
		유의확률 (양측)	.000	.044	.
		N	379	379	379

**. 상관관계가 0.01 수준에서 유의합니다(양측).

*. 상관관계가 0.05 수준에서 유의합니다(양측).

순위상관계수 값은 피어슨 선형상관계수와 거의 같은 결과를 나타낸다. 비모수적 순위상관계수는 실제값이 아닌 순위를 근거로 상관계수를 구한다. 이 방법은 자료 값이 순위이거나 정규분포를 따르지 않을 경우에 적용하는 것이 바람직하다. 스피어만 순위상관분석 결과를 보면 어머니교육수준과 학업성적은 상관계수가 .221, 유의확률(p-값) < .001이고 양의 방향이고, 학업스트레스와 학업성적과 상관계수는 -.308, 유의확률(p-값) < .001이고 음의 방향이다. 상관분석 결과 어머니교육수준이 높은 학생들의 학업성적이 그렇지 못한 학생보다 우수한 경향이 있으며, 학업스트레스가 높은 학생은 그렇지 않은 학생들보다 학업성적이 부진한 경향이 있다.

8장

스케일 만들기

측정도구는 신뢰도와 타당도를 만족하여야 한다. 신뢰도는 측정도구의 결과가 얼마나 안정적이고 일관성이 있는가의 정도를 뜻하고, 타당도는 측정하고자 하는 대상을 얼마나 잘 측정했는가를 말한다.

1 신뢰도 검사

스케일을 만들어 모형 설정 작업을 하기 전에 스케일을 구성하는 문항에 대한 신뢰도 검사를 하는 것은 매우 중요한 일이다. 만약에 스케일을 구성하는 문항에 대한 신뢰도가 낮다면 스케일을 근거로 한 분석 결과에 대한 설득력이 부족할 수 있다. 여러 항목의 내부 일치도를 검사하여 설문지 스케일에 대한 신뢰도를 검사하는 것을 크론바흐 알파 (Cronbach's alpha)라 한다. 내부 일치도를 뜻하는 신뢰도는 동일한 개념을 측정하는 여러 테스트 항목이 비슷한 결과를 산출하는 정도를 평가하는 데 사용되는 척도이다. 이 측정 값은 다중 항목 척도의 일관성을 나타낸다. 크론바흐 알파는 일반적으로 여러 개의 문항을 합하여 리커트(Likert) 스케일을 만드는 유형의 아이템이 있을 때 사용된다. 리커트 척도는 응답자가 문항의 질문에 얼마나 긍정적으로 생각하느냐의 정도에 따라 다양한 답변을 제공하는 설문 조사로, 일반적으로 중간 또는 중립적인 경우의 응답을 포함한다. 리커트 척도는 의견, 인식 및 행동을 측정하는 가장 신뢰할 수 있는 방법 중 하나이기 때문에 매우 인기가 높으며, 긍정과 부정으로 두 가지 답변만 제공하는 질문과 비교할 때보다 자세한 의견을 얻을 수 있다. 크론바흐 알파는 스케일을 구성하는 항목 간의 상관도에 대한 평균값을 뜻하며 스케일의 신뢰도에 대한 척도로 광범위하게 사용된다. 보건복지패널 자료 사용자 가이드에서 정의한 대로 아동의 '자아존중감'이라는 스케일에 대한 신뢰도 검사를 해보자. 신뢰도 측정에 필요한 조건은 측정하고자 하는 개념(잠재변수)들이 서로 관련이 있어야 하며, 모든 항목은 동일한 기본 구성으로 측정한다. 자아존중감에 대한 문항은 c1002_1부터 c1002_13까지 13개의 문항으로 구성되어 있다.

1. **분석 → 척도 분석 → 신뢰도 분석**을 클릭한다. 아래 도표와 같이 자아존중감을 구성하는 13개 문항을 모두 선택한다.

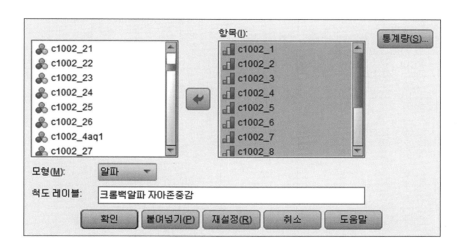

2. 신뢰도 분석에서 **통계량**을 클릭하여 기술통계에서 '항목제거시 척도' 그리고 항목 간 '상관계수'를 체크하고 **계속**을 클릭한다.

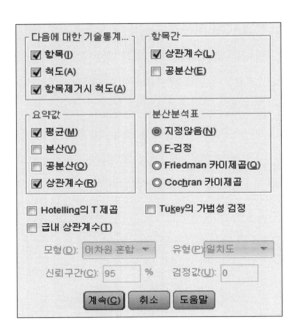

항목 총계 통계량

	항목이 삭제된 경우 척도 평균	항목이 삭제된 경우 척도 분산	수정된 항목-전체 상관계수	제곱 다중 상관계수	항목이 삭제된 경우 Cronbach 알파
c1002_1	30.92	11.951	.256	.285	.549
c1002_2	31.07	11.264	.422	.490	.517
c1002_3	31.24	11.462	.354	.402	.529
c1002_4	31.09	11.250	.417	.511	.517
c1002_5	30.92	11.285	.453	.497	.514
c1002_6	31.24	11.098	.405	.467	.517
c1002_7	31.26	11.257	.382	.352	.522
c1002_8	31.22	10.995	.392	.376	.517
c1002_9	32.71	12.402	.093	.364	.584
c1002_10	32.73	13.235	−.059	.460	.613
c1002_11	32.96	12.718	.087	.516	.579
c1002_12	32.87	13.090	−.024	.504	.604
c1002_13	31.74	12.266	.036	.082	.612

위 표에서 '수정된 항목-전체상관계수' 열을 보면 상관도가 적당히 높으면(예를 들어, .40+), 문항을 합하거나 평균을 계산하여 좋은 스케일을 만들 수 있다. 또한 상관이 낮은 문항을 수정하거나 삭제를 하여 스케일을 발전시킬 수도 있다. 항목이 삭제된 경우 Cronbach 알파 열은 해당 행의 문항을 삭제한 경우의 알파값을 나타낸다. 그러므로 다른 행에 비하여 비교적 높은 값을 가진 c1002_10, c1002_12, c1002_13 등을 우선적으로 제거 대상으로 볼 수 있다. '수정된 항목-전체 상관계수'는 개별 문항과 스케일(척도)을 구성하는 나머지 항목 간의 관계의 강도를 나타낸다. 그러므로 상관도가 작으면 그 문항이 다른 스케일 문항과 동일한 개념을 측정하지 않는다는 증거이다. 따라서 해당 문항을 삭제하는 것이 신뢰도를 발전시킬 수 있다. 위에서 언급한 세 문항의 상관도가 다른 문항의 상관도에 비하여 많이 낮았으므로 역시 제거 대상으로 생각할 수 있다.

항목 간 상관행렬도표

c1002_1	c1002_2	c1002_3	c1002_4	c1002_5	c1002_6	c1002_7	c1002_8	c1002_9	c1002_10	c1002_11	c1002_12	c1002_13
1.00	.42	.35	.44	.40	.30	.26	.26	−.21	−.28	−.23	−.23	−.05
.42	1.00	.49	.49	.48	.54	.34	.38	−.11	−.34	−.18	−.33	.01
.35	.49	1.00	.55	.40	.42	.34	.29	−.22	−.27	−.19	−.20	−.05
.44	.49	.55	1.00	.56	.40	.44	.39	−.16	−.24	−.24	−.21	−.15
.40	.48	.40	.56	1.00	.54	.45	.49	−.13	−.27	−.26	−.29	−.03
.30	.54	.42	.40	.54	1.00	.42	.49	−.12	−.30	−.15	−.29	−.08
.26	.34	.34	.44	.45	.42	1.00	.49	−.11	−.24	−.12	−.20	−.06
.26	.38	.29	.39	.49	.49	.49	1.00	−.09	−.21	−.15	−.22	−.04
−.21	−.11	−.22	−.16	−.13	−.12	−.11	−.09	1.00	.53	.46	.38	.16
−.28	−.34	−.27	−.24	−.27	−.30	−.24	−.21	.53	1.00	.51	.50	.15
−.23	−.18	−.19	−.24	−.26	−.15	−.12	−.15	.46	.51	1.00	.65	.13
−.23	−.33	−.20	−.21	−.29	−.29	−.20	−.22	.38	.50	.65	1.00	.17
−.05	.01	−.05	−.15	−.03	−.08	−.06	−.04	.16	.15	.13	.17	1.00

c1002_9부터 c1002_13은 나머지 문항들과 음의 상관도가 나왔기 때문에 문항의 내용을 살펴보고 척도의 순서를 리코딩하거나 삭제를 할 필요가 있다. 앞에서의 분석 결과 상관도의 방향을 바꾸기 위한 리코딩보다 삭제를 하는 것이 신뢰도를 발전시킬 수 있다.

문항의 내용을 살펴보면 'c1002_10 나는 자랑스러워할 만한 것이 별로 없다고 느낀다.'
와 'c1002_12 때때로 유능하지 않다고 생각한다.'로 되어 있어, 다른 문항과 달리 높은
점수가 부정적인 상태를 나타낸다.

문항들에 대한 분석 결과 최종적으로 상관도가 낮은 6개 문항들은 스케일 구성 문항에
서 삭제를 한 후, 아래 표와 같이 신뢰도 통계량 결과를 얻었다.

신뢰도 통계량

Cronbach의 알파	표준화된 항목의 Cronbach의 알파	항목 수
.848	.850	7

이와 같은 방법으로 '주의집중'에 대한 리커트 스케일의 신뢰도 검사를 실시해보자. 우
선 신뢰도 검사에서 '주의집중'을 구성하는 항목 c1002_27부터 c1002_37을 택하여 앞에
서 시행한 절차대로 분석을 실시한다. 분석을 실시한 후에 '항목 간 상관행렬표'와 '항목
총계 통계량'을 근거로 알파값을 개선할 방향을 찾는다.

신뢰도 통계량

Cronbach의 알파	표준화된 항목의 Cronbach의 알파	항목 수
.859	.861	11

항목 간 상관행렬도표

c1002_27	c1002_28	c1002_29	c1002_30	c1002_31	c1002_32	c1002_33	c1002_34	c1002_35	c1002_36	c1002_37
1.00	.47	.38	.35	.30	.37	.30	.35	.40	.27	.33
.47	1.00	.54	.36	.38	.40	.32	.32	.44	.35	.38
.38	.54	1.00	.39	.42	.32	.32	.42	.37	.25	.32
.35	.36	.39	1.00	.45	.41	.46	.35	.31	.27	.43
.30	.38	.42	.45	1.00	.37	.36	.31	.31	.38	.53
.37	.40	.32	.41	.37	1.00	.36	.23	.32	.38	.38
.30	.32	.32	.46	.36	.36	1.00	.38	.31	.23	.38
.35	.32	.42	.35	.31	.23	.38	1.00	.39	.28	.37
.40	.44	.37	.31	.31	.32	.31	.39	1.00	.29	.31
.27	.35	.25	.27	.38	.38	.23	.28	.29	1.00	.43
.33	.38	.32	.43	.53	.38	.38	.37	.31	.43	1.00

11개의 문항 중 'c1002_36 운동신경이 둔하고 움직임이 어색하다'가 다른 문항들과의 상관도가 비교적 낮게 나타났고, 아래 표의 '수정된 항목 – 전체 상관계수' 값 .473으로도 확인할 수 있었다. 따라서 이 문항을 삭제하는 것으로 결론지었다.

항목 총계 통계량

	항목이 삭제된 경우 척도 평균	항목이 삭제된 경우 척도 분산	수정된 항목-전체 상관계수	제곱 다중 상관계수	항목이 삭제된 경우 Cronbach 알파
(가) 나이에 비해 너무 어리게 행동한다(c1002_27)	12.42	10.047	.536	.322	.848
(나) 집중력이 없고 오래 주의를 기울이지 못한다 (c1002_28)	12.28	9.400	.612	.439	.842
(다) 가만히 앉아있지 못하고 안절부절한다 (c1002_29)	12.33	9.499	.581	.406	.845
(라) 정신이 헷갈리거나 흐미할 때가 있다(c1002_30)	12.41	9.802	.587	.379	.844
(마) 공상을 하거나 멍하게 자기 생각에 빠지곤한다 (c1002_31)	12.20	9.274	.587	.406	.845
(바) 충동적이고 생각없이 행동한다(c1002_32)	12.48	10.239	.542	.332	.848
(사) 신경이 날카롭고 신경질적이거나 긴장되어있다 (c1002_33)	12.37	9.805	.521	.314	.850
(아) 불안으로 인해 몸을 갑작스럽게움찔거린다 (c1002_34)	12.48	10.213	.522	.327	.849
(자) 학교공부가 시원치 않다(c1002_35)	12.43	10.077	.526	.310	.849
(차) 운동신경이 둔하고 움직임이 어색하다 (c1002_36)	12.48	10.457	.473	.284	.853
(카) 멍하니 허공을 응시하곤 한다(c1002_37)	12.41	9.871	.595	.412	.844

위 표에서도 c1002_36 항목이 삭제된 경우 알파값이 가장 높게 나왔다. 그러므로 이 항목을 제거 후 알파값을 다시 산출한다.

신뢰도 통계량

Cronbach의 알파	표준화된 항목의 Cronbach의 알파	항목 수
.855	.857	10

C1002_36 문항을 제거하기 전의 알파값이 제거 후보다 약간 높게 나왔지만 문항의 내용이 다른 문항들과의 상관도가 낮아 제거하기로 하였다.

2 타당도 검사

신뢰성은 필수적이지만 그것만으로는 충분하지 않다. 측정도구가 측정하고자 하는 것을 얼마나 정확하게 측정했느냐를 나타내는 것이 타당도이다. 타당도란 주어진 변수의 조작적 정의에 대한 적절성을 판단하는 것이다. 변수의 조작적 정의가 실제적이고 이론적인 의미를 어느 정도 반영하는지, 측정도구가 측정하고자 하는 구성개념의 구성요소를 적절히 포함하고 있는지, 그리고 실제로 측정하고자 하는 것을 측정하고 있는지 등에 관한 것이다. 요인분석을 이용하여 '자아존중감'과 '주의집중'에 대한 타당도 검사를 해보자.

따라 하기

1. 분석 → 차원축소 → 요인분석을 클릭한다.

자아존중감을 구성하는 문항 c1002_2−c1002_8과 주의집중 문항 c1002_27−c1002_36을 아래와 같이 선택한다.

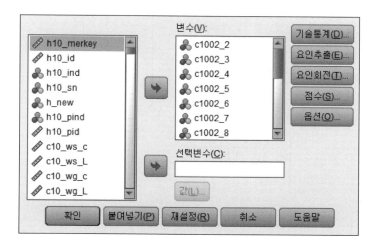

2. 기술통계를 클릭하여 '통계량'에서 '일변량 기술통계', '초기해법'을 체크하고 '상관행렬'에서 '계수', '행렬식', 'KMO와 Bartlett의 구형성 검정'을 체크하고 **계속**을 클릭한다.

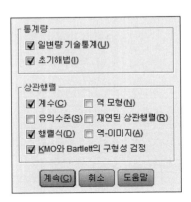

3. 아래 도표와 같이 요인추출에서 '방법'을 '주성분'으로 하고 '분석'의 '상관행렬'을 체크하고 '고유값 기준' 추출을 체크한 후 **계속**을 클릭한다. 고유값 기준은 추출할 요인의 수가 확실하지 않을 때 고유값이 1보다 큰 요인을 모두 추출한다.

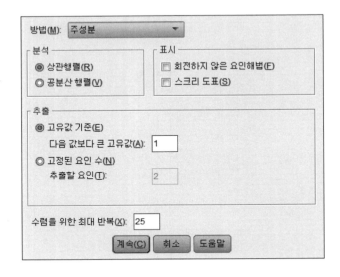

4. 마지막으로 요인회전을 '베리멕스'로 체크한다. 베리멕스를 체크한 다음 '회전 해법'이 선택되었는지 확인한다. 베리멕스 회전은 요인 간의 독립을 가정하고 분석하기 때문에 결과를 해석하기가 쉽다. 만약에 상관관계가 있는 요인이라면 '직접 오블리민'을 선택한다.

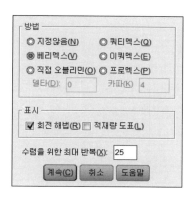

KMO와 Bartlett의 검정

표본 적절성의 Kaiser-Meyer-Olkin 측도.		.875
Bartlett의 구형성 검정	근사 카이제곱	2133.567
	자유도	136
	유의확률	.000

표본 적절성의 Kaiser-Meyer-Olkin 측도는 .70보다 커야 하며 이는 각 요인에 따른 문항 수가 적절한지를 뜻한다. Bartlett의 구형성 검정 결과 카이제곱 = 2133.57, $df = 136$, 유의확률(p-값)<.001이므로 상관행렬이 유의하다. 그러므로 문항들 간에 상관관계가 존재하므로 상관도가 0이라는 귀무가설을 기각할 수 있다.

아래 '설명된 총분산' 표를 보면 1 이상의 초기 고유값이 5.015와 2.977로 두 개의 요인으로, 요인 1은 전체 17개 변수들의 변이 중 29%를, 요인 2는 전체 변이 중 18%를 설명하여, 전체분산의 47%를 설명함을 알 수 있다.

설명된 총분산

성분	초기 고유값			추출 제곱합 적재량			회전 제곱합 적재량[a]
	전체	% 분산	누적 %	전체	% 분산	누적 %	전체
1	5.015	29.499	29.499	5.015	29.499	29.499	4.459
2	2.977	17.514	47.012	2.977	17.514	47.012	4.022
3	.943	5.550	52.562				
4	.879	5.170	57.733				
5	.873	5.134	62.867				
6	.796	4.685	67.552				
7	.744	4.375	71.927				
8	.617	3.631	75.559				
9	.608	3.576	79.134				
10	.587	3.452	82.587				
11	.513	3.017	85.604				
12	.481	2.830	88.434				
13	.454	2.670	91.104				
14	.433	2.545	93.649				
15	.391	2.302	95.952				
16	.365	2.147	98.099				
17	.323	1.901	100.000				

추출 방법: 주성분 분석.

a. 성분이 상관된 경우 전체 분산을 구할 때 제곱합 적재량이 추가될 수 없습니다.

패턴행렬을 이용하는 것은 특정 문항이 속하는 요인에 의해서 적절하게 적재되었는지 요인적재(factor loading) 값을 통하여 알 수 있다. 또한 그 문항이 다른 요인에 의해서도 교차적재(cross-loading)되었는지도 알 수 있다. 아래 표에서 첫 번째 상위 7개 문항 c1002_2부터 c1002_8까지는 요인 2에서 로드된 것을 알 수 있고 c1002_27부터 마지막까지 10개 문항은 요인 1에서 로드된 것을 확연하게 알 수 있다. 그러나 마지막 문항인 c1002_36은 요인 1과 2에서 모두 교차적재되고 다른 문항의 요인적재 값에 비하여 낮으므로 스케일 구성에서 삭제하는 것이 바람직하다.

패턴 행렬[a]

	성분	
	1	2
(나) 내가 좋은 자질을 많이 가지고 있다고 느낀다 (c1002_2)		.724
(다) 남들이 하는 만큼 뭐든지 할 수 있다(c1002_3)		.647
(라) 긍정적인 태도를 지니고 있다(c1002_4)		.718
(마) 대체로 나 자신에 만족한다(c1002_5)		.816
(바) 나는 재주가 많다고 생각한다(c1002_6)		.773
(사) 다른 사람들보다 의지가 강하다(c1002_7)		.680
(아) 처음에 못 할지라도 잘 할 때까지 열심히 한다 (c1002_8)		.696
(가) 나이에 비해 너무 어리게 행동한다(c1002_27)	.659	
(나) 집중력이 없고 오래 주의를 기울이지 못한다 (c1002_28)	.709	
(다) 가만히 앉아있지 못하고 안절부절한다 (c1002_29)	.723	
(라) 정신이 헷갈리거나 흐리할 때가 있다(c1002_30)	.709	
(마) 공상을 하거나 멍하게 자기 생각에 빠지곤한다 (c1002_31)	.659	
(바) 충동적이고 생각없이 행동한다(c1002_32)	.645	
(사) 신경이 날카롭고 신경질적이거나 긴장되어있다 (c1002_33)	.605	
(아) 불안으로 인해 몸을 갑작스럽게움찔거린다 (c1002_34)	.627	
(자) 학교공부가 시원치 않다(c1002_35)	.604	
(차) 운동신경이 둔하고 움직임이 어색하다 (c1002_36)	.486	-.217

추출 방법: 주성분 분석.
회전 방법: Kaiser 정규화가 있는 프로멕스.

a. 3 반복계산에서 요인회전이 수렴되었습니다.

성분점수 공분산행렬

성분	1	2
1	1.061	-.492
2	-.492	1.061

추출 방법: 주성분 분석.
회전 방법: Kaiser 정규화가 있
는 프로멕스.

성분점수 공분산행렬 표를 이용하여 판별타당성을 판단할 수 있다. 위 표에서 요인 간의 상관도가 −.492로 .7 미만이므로 두 요인의 판별타당성이 있다고 볼 수 있다.

마지막으로 공통성(Communalities)은 추출된 요인들에 의해서 설명되는 문항의 분산비율이다. 최대우도 방법으로 구해서 .4보다 작은 문항을 제거 대상으로 고려한다. 높은 값을 갖는 문항은 추출된 요인에 의해서 잘 설명된다고 볼 수 있다. 공통성의 결과를 근거로 c1002_33, c1002_34, 그리고 c1002_36 문항은 스케일 구성에서 삭제를 하거나 다른 문항으로 대체할 필요가 있다.

스케일에 대한 신뢰도와 타당도의 검사 결과 자아존중감을 구성하는 문항 c1002_2부터 c1002_8은 제거하거나 수정할 문항이 없고, 주의집중에 대한 문항은 c1002_27부터 c1002_32 그리고 c1002_35로 구성하는 것이 바람직하다.

공동성

	초기	추출
(나) 내가 좋은 자질을 많이 가지고 있다고 느낀다 (c1002_2)	1.000	.548
(다) 남들이 하는 만큼 뭐든지 할 수 있다(c1002_3)	1.000	.467
(라) 긍정적인 태도를 지니고 있다(c1002_4)	1.000	.563
(마) 대체로 나 자신에 만족한다(c1002_5)	1.000	.629
(바) 나는 재주가 많다고 생각한다(c1002_6)	1.000	.576
(사) 다른 사람들보다 의지가 강하다(c1002_7)	1.000	.452
(아) 처음에 못 할지라도 잘할 때까지 열심히 한다 (c1002_8)	1.000	.481
(가) 나이에 비해 너무 어리게 행동한다(c1002_27)	1.000	.423
(나) 집중력이 없고 오래 주의를 기울이지 못한다 (c1002_28)	1.000	.514
(다) 가만히 앉아있지 못하고 안절부절한다 (c1002_29)	1.000	.496
(라) 정신이 헷갈리거나 흔미할 때가 있다(c1002_30)	1.000	.477
(마) 공상을 하거나 멍하게 자기 생각에 빠지곤한다 (c1002_31)	1.000	.441
(바) 충동적이고 생각없이 행동한다(c1002_32)	1.000	.410
(사) 신경이 날카롭고 신경질적이거나 긴장되어있다 (c1002_33)	1.000	.378
(아) 불안으로 인해 몸을 갑작스럽게움찔거린다 (c1002_34)	1.000	.382
(자) 학교공부가 시원치 않다(c1002_35)	1.000	.419
(차) 운동신경이 둔하고 움직임이 어색하다 (c1002_36)	1.000	.335

추출 방법: 주성분 분석.

9장
회귀모형

　상관분석은 연속인 두 변수 간의 관계를 알아보기 위한 최상의 방법이지만 예측모형이나 한 변수가 다른 변수에 미치는 인과관계를 설명할 수는 없다. 이러한 것을 설명하기 위한 것이 회귀모형이다. 회귀모형을 설정하기 위해서는 분석할 대상의 값을 갖는 종속변수와 그 반응(결과)을 설명할 수 있는 독립변수가 기본적으로 필요하고, 종속변수는 연속형 값을 가져야 한다. 만약에 종속변수가 범주형 값을 갖는다면 로지스틱 회귀모형을 적용해야 할 것이다.

1 단순회귀모형

　학업스트레스가 학업성적에 미치는 영향을 분석하기 위하여 단순회귀모형을 설정해 보자.

 따라 하기

1. 분석 → 회귀분석 → 선형 회귀를 클릭하여 아래 도표와 같이 '종속변수'에는 '학업성적'을, '블록'에는 독립변수인 '학업스트레스'를 선택한 후 **확인**을 클릭한다.

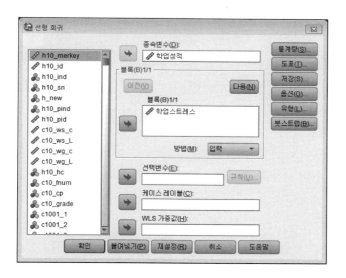

모형 요약[b]

모형	R	R 제곱	수정된 R 제곱	추정값의 표준 오차
1	.310[a]	.096	.093	.736184

a. 예측자: (상수), 학업스트레스

b. 종속변수: 학업성적

R값 .310은 학업스트레스와 학업성적과의 상관관계를 나타내고, 수정된 R 제곱(.093)은 학업성적의 학업스트레스에 의한 분산비율을 나타낸다. 즉 수정된 R 제곱 .093은 학업스트레스가 학업성적의 변동을 9.3% 설명한다고 할 수 있다.

ANOVA[a]

모형		제곱합	자유도	평균제곱	F	유의확률
1	회귀	21.649	1	21.649	39.946	.000[b]
	잔차	204.321	377	.542		
	전체	225.971	378			

a. 종속변수: 학업성적

b. 예측자: (상수), 학업스트레스

ANOVA(Analysis of Variance) 표의 결과를 근거로 회귀모형의 유의성을 판단할 수 있다. 표에 나타난 결과 $F(1, 377) = 39.95$, 유의확률(p-값) $< .001$에 의하면 학업스트레스가 독립변수인 단순회귀모형이 통계적으로 유의하다는 것을 알 수 있다.

계수[a]

모형		비표준화 계수		표준화 계수	t	유의확률
		B	표준오차	베타		
1	(상수)	4.559	.113		40.499	.000
	학업스트레스	-.399	.063	-.310	-6.320	.000

a. 종속변수: 학업성적

계수라고 표시된 네 번째 표를 보면 두 변수의 비표준화 계수는 단순히 산점도에서 나타내는 '최적' 회귀선의 기울기이다. 표준화된 회귀계수는 두 변수 사이의 연관성을 나타내는 상관계수와 같다. 이변량 회귀와 이변량 상관(예: 피어슨) 간의 주요 차이점을 살펴보면, 회귀분석에서는 주어진 독립변수가 종속변수에 얼마나 영향을 미치는지, 또는 독립변수 값을 근거로 종속변수 값을 예측하려고 하는 반면, 상관관계에서는 해당 변수가 어떻게 관련되어 있는지를 나타낸다.

표준화되지 않은 계수는 주어진 임의의 독립변수 x값을 이용하여 종속변수 y값을 예측하는 데 사용할 수 있는 추정회귀식 Y(학업성적) = 4.6−.4X(학업스트레스)를 제공한다. 예를 들어, 특정 학생이 학업스트레스를 4 정도로 많이 받는(4점 척도)다면 학생의 학업성적은 '학업성적 = 4.56 − .40*(4)'에 의하여 2.96이라 예측할 수 있다.

모형 요약 표에서 보았듯이 학업스트레스가 학업성적 변이의 9.37%만 설명하기 때문에 이를 적합한 회귀식이라 할 수 없다. 따라서 학업성적에 대한 정확한 예측을 할 수가 없다. 적합한 모형으로 개선되기 위해서는 학업성적과 관련된 독립변수를 추가하여 다중회귀모형을 설정하는 것이 바람직하다.

2 다중회귀모형

다수의 독립변수를 이용하여 종속변수에 대한 인과관계나 예측모형을 설정하는 것이 다중회귀모형이다. 앞 장에서 설명한 단순회귀는 독립변수 하나로 종속변수에 대한 설명 또는 예측을 위한 모형이다. 그러므로 키와 몸무게와 같이 두 변수가 아주 밀접한 관계가 아닌 경우에는 특정 현상에 대하여 하나의 독립(설명)변수로 적합한 예측회귀모형을 설정한다는 것은 매우 힘든 일이다. 앞 장에서 단순회귀 방법으로 설정한 학업스트레스와 학업성적에 대한 모형에 다른 적합한 변수들을 추가하여 학업성적을 잘 예측할 수 있는 다중회귀모형을 작성해보도록 하자.

SPSS에서 다중회귀를 실시하는 몇 가지 방법이 있다. 우선 독립변수들과 종속변수에 대한 사전 지식이 충분치 않다면 입력 옵션을 사용하여 여러 개의 독립변수를 동시에 사용하여 모형을 설정할 수 있다. 만약에 독립변수들 중에서 연구자의 판단에 의한 순위를 고려하여 모형을 설정하고 싶다면 계층적 방법을 사용할 수 있다. 그 밖의 방법에서 선택할 수 있는 단계, 전진, 후진은 종속변수와 독립변수 간의 상관도나 다른 선택 기준에 의해 프로그램에서 순서를 정하여 독립변수를 입력 또는 제거하는 방식이다. 다중회귀분석을 위해서는 종속변수가 연속이거나 최소한 스케일이어야 하며 충분한 분산이 있어야 한다. 값들의 변동이 작으면 적합한 모형 설정에 어려움이 있을 수 있다. 독립변수들 간의 상관도가 .5나 .6 이상으로 높으면 다중공선성이 회귀모형에 존재할 수 있다. 두 변수 간에 다중공선성이 존재한다는 것은 두 변수가 같은 내용을 뜻한다는 것이다. 이 문제가 발생하면 회귀식이 정확하지 않을 가능성이 있으므로 공선성이 있는 변수를 제거하거나 요인점수로 변수들을 묶어서 모형에 적용할 수 있다. 회귀식에 가장 중요한 가정은 실제값과 표본을 근거로 산출된 예측값의 차이인 오차가 가능한 작아야 하고 정규분포를 따라야 하며, 독립변수들과 독립적이어야 한다는 것이다.

학업스트레스를 비롯해 학교환경, 자아존중, 아버지교육수준, 어머니교육수준 등이 얼마나 학업성적의 결과를 잘 설명(예측)하는지 분석하기 위해서 다중회귀식을 설정해보자. 다중회귀모형을 설정하기 전에 독립변수와 종속변수 간의 상관행렬을 보는 것이 중요한다. 상관행렬표를 통해서 종속변수를 잘 설명할 수 있는 변수후보군에 대한 정보와 독립변수들 간의 다중공선성에 대한 가능성을 파악하는 것이 매우 중요한 과정이다.

따라 하기

1. 분석 → 상관분석을 클릭한 후 고려할 변수들을 선택한다.

상관관계

	학업성적	학업스트레스	아버지교육수준	어머니교육수준	학교환경1	자아존중1
학업성적	1.00	-.310**	.167**	.210**	.480**	.396**
학업스트레스	-.310**	1.00	-0.09	-0.08	-.457**	-.466**
아버지교육수준	.167**	-0.09	1.00	.673**	.126*	.171**
어머니교육수준	.210**	-0.08	.673**	1.00	.107*	.151**
학교환경1	.480**	-.457**	.126*	.107*	1.00	.630**
자아존중1	.396**	-.466**	.171**	.151**	.630**	1.00

**. 상관관계가 0.01 수준에서 유의합니다(양측).
*. 상관관계가 0.05 수준에서 유의합니다(양측).

위 표에서 보는 바와 같이 선택된 독립변수들은 종속변수인 학업성적과 상관성이 있고 유의한 것으로 나타났다. 아버지교육수준과 어머니교육수준을 보면 상관관계가 .673으로 높아서 공선성이 있을 수 있다. 새 변수인 '부모교육수준'을 생성하거나 두 변수 중 상관도가 낮은 '아버지교육수준'을 제거할 필요성이 있다. 만약에 두 변수 각각의 학업성적에 대한 영향력을 보고 싶다면 다중회귀모형 설정 과정에서 공선성을 점검해야 할 것이다. 그 밖에 학교환경과 자아존중 1도 상관도가 .630으로 높다. 이 또한 마찬가지로 공선성에 대한 검증이 필요하다.

2. '종속변수'에 '학업성적'을 선택하고 나머지 독립변수들을 '블록'에 선택한다. '방법'은 '입력'으로 하고 **통계량**을 **클릭**한다.

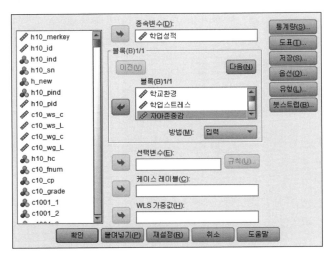

3. 통계량에서 회귀계수와 관련된 항목들인 '추정값', '모형적합', '기술통계', '부분상관 및 편상관계수' 그리고 '공선성 진단'를 체크한 후 **계속**을 클릭한다. 각 변수들의 요약통계량을 통해서 분포에 대한 정보를 얻을 수 있다.

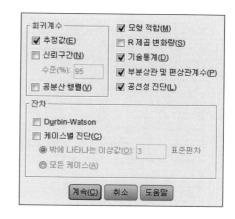

기술통계량

	평균	표준편차	N
학업성적	3.88918	.773179	379
학업스트레스	1.67810	.599224	379
학교환경	2.25752	.437846	379
자아존중감	2.64512	.291861	379
아버지교육수준	5.93	1.174	379
어머니교육수준	5.85	1.022	379

예를 들어 아버지교육수준 평균이 5.93, 어머니교육수준의 평균값이 5.85인 것을 보면 대부분 부모들의 학력이 고졸 이상이라는 것을 알 수 있다.

모형 요약[b]

모형	R	R 제곱	수정된 R 제곱	추정값의 표준 오차
1	.514[a]	.265	.255	.667452

a. 예측자: (상수), 어머니교육수준, 자아존중감, 학업스트레스, 학교환경, 아버지교육수준

b. 종속변수: 학업성적

모형 요약 표에서 R 제곱은 공변량들에 의해서 설명되는 종속변수의 변동비율로 일반적으로 모형의 적합성을 나타낸다. 모형 요약에서 R 제곱 .265, 수정된 R 제곱 .255는 25.5%의 주요과목 학업성적의 변동이 회귀모형으로부터 설명될 수 있다는 것을 뜻한다.

ANOVA[a]

모형		제곱합	자유도	평균제곱	F	유의확률
1	회귀	59.802	5	11.960	26.848	.000[b]
	잔차	166.168	373	.445		
	전체	225.971	378			

a. 종속변수: 학업성적

b. 예측자: (상수), 어머니교육수준, 자아존중감, 학업스트레스, 학교환경, 아버지교육수준

위 ANOVA 표에서 F값 22.848, 유의확률(p-값)<.001이므로 통계적으로 유의하다. 이는 독립변수들의 조합으로 구성된 회귀모형이 유의하다는 것을 나타낸다. 다중회귀모형에서 모형의 유의성은 독립변수들의 회귀계수 중 최소한 하나의 회귀계수도 0이 아니라는 것이므로, 추가적으로 아래 표의 계수에 대한 유의확률을 체크하여 유의수준이 .05보다 큰 경우 모형에서 제거를 고려한다.

계수

	비표준화 계수		표준화 계수			상관계수			공선성 통계량	
	B	표준오차	베타	t	유의확률	0차	편상관	부분상관	공차	VIF
(상수)	1.73	0.42		4.17	0.00					
학업스트레스	-0.14	0.06	-0.11	-2.15	0.03	-0.31	-0.11	-0.10	0.79	1.27
학교환경	0.72	0.10	0.41	7.43	0.00	0.48	0.36	0.33	0.65	1.54
자아존중감	0.02	0.13	0.01	0.18	0.86	0.23	0.01	0.01	0.79	1.27
아버지교육수준	0.00	0.04	0.00	-0.04	0.97	0.17	0.00	0.00	0.54	1.87
어머니교육수준	0.12	0.05	0.16	2.62	0.01	0.21	0.13	0.12	0.54	1.86

끝으로 계수표에서 표준화 계수 베타는 상관계수와 같이 설명될 수 있다. 심리사회적 학교환경이 .41로 주요과목 학교성적에 가장 영향력이 있는 것으로 나타났다. t값과 유의확률을 통해서 각 독립변수들의 회귀식에 대한 역할이 있는지 없는지를 평가한다. t값의 크기에 관계없이 유의확률을 임의의 유의수준과 비교하여 판단해서 비표준화 계수가 0일 가능성을 판단한다. 위 표에서 유의수준을 .05로 한다면 자아존중감과 아버지교육수준을 제외한 독립변수들이 회귀모형에서 역할이 있다고 판단할 수 있다. 그러므로 두 변수를 회귀모형에서 제거하는 것이 바람직하다. 표에서 공선성 통계량의 공차와 VIF는 동일한 정보를 제공하며(공차 $= 1/VIF$), 다중공선성이 있는지를 나타낸다. 공차

값이 낮으면(<1-R²), 다중공선성에 문제가 있을 수 있다. 회귀모형의 R 제곱이 .255이고 1-R²이 .745이기 때문에 공차가 이보다 낮은 값을 갖는 학교환경, 아버지교육수준, 어머니교육수준이 다중공선성에 문제가 있을 것으로 보인다. 상관행렬에서 학교환경과 자아존중감과의 상관도는 .46, 아버지 어머니의 교육수준은 .679이므로 공선성 문제를 해결하려면 두 변수 중 하나를 제거하거나, 조합하여 하나로 만들어야 한다.

공선성 진단[a]

모형	차원	고유값	상태지수	분산비율					
				(상수)	학업스트레스	학교환경	자아존중감	아버지교육수준	어머니교육수준
1	1	5.808	1.000	.00	.00	.00	.00	.00	.00
	2	.124	6.855	.00	.57	.03	.00	.00	.00
	3	.041	11.912	.00	.01	.16	.02	.18	.09
	4	.012	21.716	.08	.26	.69	.20	.22	.07
	5	.010	23.634	.01	.03	.13	.10	.60	.78
	6	.005	34.858	.90	.12	.00	.68	.00	.06

a. 종속변수: 학업성적

공선성진단표는 공선성 문제 해결을 위한 좀 더 자세한 정보를 제공한다. 고유값은 1 이상이어야 하고 각 차원에서 단 한 개의 변수에 대한 분산비율은 높아야 하고 상태지수는 15 미만이어야 한다. 일반적으로 상태지수가 15-30 사이이면 공선성이 가능하며 30 이상이면 공선성 문제가 존재한다는 것을 뜻한다. 낮은 고유값과 높은 상태지수 값은 공선성을 나타낼 수 있다. 특히 각 차원에서 한 개 이상의 변수에서 분산비율이 높으면 공선성 문제가 있을 수 있다. 위 표에서 아버지교육수준과 어머니교육수준이 5차원에서 분산비율이 각각 .60, .78이므로 공선성이 있을 수 있고, 마찬가지로 학업스트레스, 학교환경, 자아존중감에서도 공선성의 가능성이 있다. 이러한 문제를 해결하기 위하여 아버지교육수준, 어머니교육수준을 합해서 부모교육수준을 생성하고, 편상관계수가 .01로 극히 낮은 자아존중감 변수를 제거하였다.

최종모형설정

학업스트레스, 학교환경 그리고 새로 생성한 부모교육수준 등을 이용해서 다중회귀모형을 다시 설정하였다.

모형 요약[b]

모형	R	R 제곱	수정된 R 제곱	추정값의 표준 오차
1	.510[a]	.260	.254	.667820

a. 예측자: (상수), 부모교육수준, 학업스트레스, 학교환경
b. 종속변수: 학업성적

앞에서 분석한 모형과 비교하면 독립변수의 수가 줄었음에도 모형 요약에 대한 통계량의 값은 거의 변화가 없음을 알 수 있다. 예측회귀모형에서 제거된 변수들의 충분한 역할이 없었음을 알 수 있다.

ANOVA[a]

모형		제곱합	자유도	평균제곱	F	유의확률
1	회귀	58.727	3	19.576	43.893	.000[b]
	잔차	167.244	375	.446		
	전체	225.971	378			

a. 종속변수: 학업성적
b. 예측자: (상수), 부모교육수준, 학업스트레스, 학교환경

ANOVA 표에서 $F(3, 375) = 43.89$, 유의확률(p-값) $< .001$이므로 회귀모형이 유의하게 종속변수인 학업성적을 예측하는 것으로 나타났다.

계수

	비표준화 계수		표준화 계수			상관계수			공선성 통계량	
	B	표준오차	베타	t	유의확률	0차	편상관	부분상관	공차	VIF
(상수)	1.84	0.33		5.62	0.00					
학업스트레스	-0.14	0.06	-0.11	-2.16	0.03	-0.31	-0.11	-0.10	0.79	1.27
학교환경	0.73	0.09	0.41	8.21	0.00	0.48	0.39	0.36	0.78	1.28
부모교육수준	0.11	0.03	0.14	3.15	0.00	0.20	0.16	0.14	0.98	1.02

계수표의 독립변수들에 대한 공차 값이 .746(1-수정된 R 제곱)보다 작은 값은 더 이상 변수들 간에 공선성을 우려하지 않아도 된다는 것을 의미한다.

잔차 통계량[a]

	최소값	최대값	평균	표준편차	N
예측값	2.47349	4.75290	3.88918	.394159	379
잔차	-2.553092	1.650929	.000000	.665165	379
표준화 예측값	-3.592	2.191	.000	1.000	379
표준화 잔차	-3.823	2.472	.000	.996	379

a. 종속변수: 학업성적

회귀모형의 예측값과 잔차에 대한 독립성을 검정하기 위하여 산점도를 출력한다.

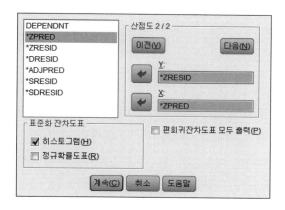

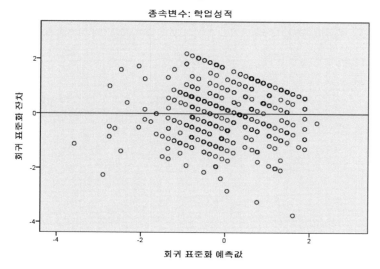

산점도

종속변수: 학업성적

위 도표를 보면 산포도의 점들이 무작위로 흩어져 있기 때문에 데이터는 잔차에 대한 가정을 충족시킨다고 볼 수 있다. 잔차는 정규분포를 따르고 분산은 일정하다고 볼 수 있다. 만약에 점들이 일정한 패턴을 생성하면 정규분포를 따르지 않거나 잔차들 간에 독립이 아니고 분산이 일정하지 않아, 회귀분석의 가정을 위반할 수 있다.

변수	비표준화계수	표준오차	표준화계수	t	유의확률
(상수)	1.841	.328		5.615	.000
학업스트레스	−.139	.064	−.108	−2.160	.031
학교환경	.728	.089	.412	8.213	.000
부모교육수준	.108	.034	.141	3.152	.002

결론

학생의 정신건강 상태와 학교 및 가정환경이 학업성적에 미치는 영향을 분석하기 위하여 다중회귀모형을 설정하였다. 선택된 관련 변수들 중에서 학업스트레스, 학교환경 그리고 부모의 교육수준이 유의하게 학업성적에 영향을 미쳤다. 최종회귀식은 학업성적 = 1.84 − .14(학업스트레스) + .73(학교환경) + .11(부모교육수준)이고 $F(3, 375) = 43.89$, 유의확률(p-값) < .001이므로 유의하다. 학업스트레스는 학업성적에 부정적으로 영향을 주었으며 학교환경과 부모의 교육수준은 긍정적으로 영향을 주었다. 분석을 통해서 알 수 있는 것은 학교환경이 학생들의 학업성적에 가장 많은 영향을 주었으며, 다른 독립변수들의 값이 고정되었을 때 학교환경에 대한 점수가 1점 증가할수록 학생들의 학업성적도 .73 증가한다고 할 수 있다.

3 | 계층적 회귀분석

계층적 회귀분석(Hierarchical Multiple Regression)은 변수를 그룹 또는 블록으로 순차적으로 적용할 때 사용한다. 이 방법은 기존에 있던 그룹에 새 그룹의 변수를 추가할 때 생기는 변화를 알고 싶을 때 사용하며, 연구자가 독립변수들에 대하여 많은 지식이 있을 때 적절한 방법이다. 종전의 연구에서 학업스트레스에 나머지 변수들, 학교환경과 부모교육수준을 적용한다고 가정하자.

1. 분석 → 회귀분석 → 선형회귀에서 '종속변수'에 '학업성적'을, '블록'에 '학업스트레스'를 선택한 후 **다음**을 클릭한다.

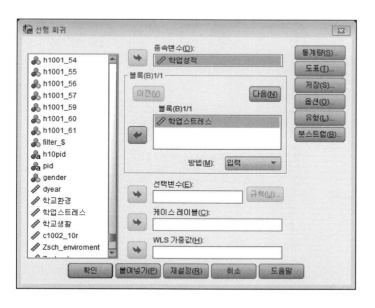

2. 계속해서 학교환경과 부모교육수준을 아래 도표와 같이 선택한다.

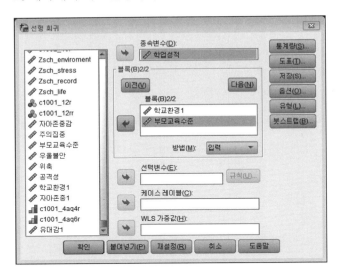

입력/제거된 변수[a]

모형	입력된 변수	제거된 변수	방법
1	학업스트레스[b]	.	입력
2	부모교육수준, 학교환경[b]	.	입력

a. 종속변수: 학업성적

b. 요청된 모든 변수가 입력되었습니다.

위 표와 같이 첫 번째 회귀모형에서는 학업스트레스로 학업성적을 예측(설명)하였고 두 번째 회귀모형에는 부모교육수준과 학교환경 등을 추가하였다.

모형 요약

모형	R	R 제곱	수정된 R 제곱	추정값의 표준 오차
1	.310[a]	.096	.093	.736184
2	.510[b]	.260	.254	.667820

a. 예측자: (상수), 학업스트레스

b. 예측자: (상수), 학업스트레스, 부모교육수준, 학교환경

모형 요약 표에 의하면 첫 번째 모형에 비하여 두 번째 모형에서는 독립변수들의 추가로 모형이 많이 발전한 것을 알 수 있다. 수정된 R 제곱은 .093에서 .254로 16.1% 증가하였다.

ANOVA[a]

모형		제곱합	자유도	평균제곱	F	유의확률
1	회귀	21.649	1	21.649	39.946	.000[b]
	잔차	204.321	377	.542		
	전체	225.971	378			
2	회귀	58.727	3	19.576	43.893	.000[c]
	잔차	167.244	375	.446		
	전체	225.971	378			

a. 종속변수: 학업성적

b. 예측자: (상수), 학업스트레스

c. 예측자: (상수), 학업스트레스, 부모교육수준, 학교환경

첫 번째 모형의 $F(1, 377) = 39.95$, 유의확률(p-값)$< .001$과 두 번째 모형의 $F(3, 375) = 43.9$, 유의확률(p-값)$< .001$을 통하여 회귀모형들이 통계적으로 유의함을 알 수 있다.

계수^a

모형		비표준화 계수 B	표준오차	표준화 계수 베타	t	유의확률
1	(상수)	4.559	.113		40.499	.000
	학업스트레스	-.399	.063	-.310	-6.320	.000
2	(상수)	1.841	.328		5.615	.000
	학업스트레스	-.139	.064	-.108	-2.160	.031
	학교환경	.728	.089	.412	8.213	.000
	부모교육수준	.108	.034	.141	3.152	.002

a. 종속변수: 학업성적

첫 번째 회귀모형에서는 학업스트레스 표준화 계수 베타가 −.31이지만 추가로 변수가 적용된 두 번째 모형에서는 −.108로 변하였다. 이를 통해서 여러 개의 변수를 동시에 적용했을 때 학업스트레스에 대한 영향력이 줄고 학교환경이 많은 영향을 미친다는 것을 보여준다.

제외된 변수^a

모형		베타 입력	t	유의확률	편상관계수	공선성 통계량 공차
1	학교환경	.427^b	8.456	.000	.400	.791
	부모교육수준	.177^b	3.651	.000	.185	.991

a. 종속변수: 학업성적

b. 모형내의 예측자: (상수), 학업스트레스

편상관계수 프로시저는 한 개 이상의 변수를 통제하면서 두 변수 간 선형 관계를 측정하는 편상관을 계산한다. 위 표에서 편상관계수 값을 통하여 다른 변수에서 설명할 수 없는 각 독립변수 고유의 분산의 양을 알 수 있다. 학교환경의 편상관계수 .400는 16%, 부모교육수준의 편상관계수는 .185는 3.4%로 학업성적에 대한 설명할 수 있음을 알 수 있다.

계수^a

모형		비표준화 계수		표준화 계수	R 제곱	R 제곱 변화량
		B	표준오차	베타		
1	(상수)	4.56	0.11		0.10	0.10
	학업스트레스	-0.40	0.06	-0.31		
2	(상수)	1.84	0.33		0.25	0.16
	학업스트레스	-0.14	0.06	-0.11		
	학교환경	0.73	0.09	0.41		
	부모교육수준	0.11	0.03	0.14		

a. 종속변수: 학업성적

학생의 정신건강 상태와 학교 및 가정환경이 학업성적에 미치는 영향을 분석하기 위하여 학업스트레스로 회귀모형을 설정한 후 추가로 고려하고 싶은 독립변수들을 적용하여 계층적 다중회귀모형을 설정하였다.

첫 번째 학업스트레스 모형은 $F(1, 375) = 38.9$, 유의확률(p-값)$< .001$로 통계적으로 유의하였으나 오직 10%만이 예측할 수 있었다. 모형의 적합성을 개선하기 위하여 다른 독립변수들을 추가함으로써 예측력을 25%로 개선시켰음을 알 수 있다. 추가로 적용된 독립변수들은 학업성적을 $F(3, 375) = 43.9$, 유의확률 (p-값)$< .001$로 유의하게 예측했으며 회귀모형에서 학교환경(표준화계수 $= .41$)이 학업성적에 가장 크게 기여하였다.

참고문헌

원태연, 정성원(2010). ≪통계조사분석≫. 한나래아카데미.

Buckingham, A., & Saunders, P.(2004). *The survey Methods Workbook*. Polity.

Morgan, George A., Leech, Nancy L., Gloeckner, Gene W., & Barret, Karen C. (2010). *IBM SPSS for Introductory Statistics*. Lawrence Erlbaum Associates.

Scheagger, R. L., Mendenhall, W., & Ott, R. L.(2016). ≪표본조사의 이해와 활용≫ 제6판. 김영원, 류제복, 박진우, 홍기학 옮김. 교우사. (원전은 2005년에 출판)

Kent State University Libraries(2017, May 15). "SPSS tutorials." from https://libguides.library.kent.edu/SPSS

찾아보기

B
Bartlett 119

K
Kaiser–Meyer–Olkin 119
Kolmogorov–Smirnov 테스트 71

L
Levene의 등분산 검정 94
Levene의 분산 동질성 검정 결과 유의확률 98

S
Scheffe 99
Shapiro–Wilk 테스트 71

T
Tukey 방법 99

V
VIF 133

가
가설 9
개념 15
개방형 질문 18
결측값 32, 35
고유값 134
고유값 기준 118
고유값이 1보다 큰 요인 118
공분산행렬 122
공선성 통계량의 공차 133
공통성(Communalities) 122
관측빈도 85
교차분석 75
교차적재(cross-loading) 120
귀무가설 55
극한값 102
기각역 55
기대빈도 85

기술 11
기술통계 60, 65

나
내장함수를 이용한 변수 생성 40

다
다중공선성 133, 134
다중응답군 46
다중응답군 변수군 49
대립가설 55
대응표본 T 검정 94
독립변수 10, 17, 135
독립성 136
독립표본 T 검정 92
등간척도 36

라
리커트(Likert) 스케일 110

마
매개변수 10, 17
명령문 38
명목척도 36
명목형 36
명목형 변수 60
모집단 11, 55
무작위추출 13

바
박스플롯 70
반응변수 10, 17
반응척도 20
범주형 36
베리멕스 119
변동성 67
변수 9
변수 생성 39
변수 재코딩 41
분산분석(ANOVA) 결과 98

비율척도 36
비추세화 정규 Q–Q 도표 71
비표준화 계수 128
비확률추출 방법 12
빈도분석 60

사
사분위수 64
사후분석 99
산점도 102, 136
산포도 67
상관계수 102
상관도 11
상관분석 102
상자도표 70
설명변수 10, 17
설문지 질의 설계 14
수정된 R 제곱 127
수정된 항목–전체 상관계수 113
순서형 36
순위척도 36
스피어만(Spearman) 분석 102
스피어만 상관계수 105
시각적 구간화 42, 43
신뢰구간 70
신뢰도 검사 110

아
역방향으로 코딩 39
연구가설 목록 14
연속형 36
왜도 66
요인적재(factor loading) 값 120
원도표 63
유의수준(제1종 오류) 55
유의확률(p–값) 55, 56
유효 퍼센트 63
이상값 102
인과관계 17
일원분산분석(One–Way ANOVA) 96
일표본 T 검정 90

자
절사평균값 75

정규 Q–Q 도표 71
정규분포 검정 70
정규성 66
정규 플롯 70
제1종 오류(type I error) 56
제2종 오류(type II error) 56
조작적 정의 16, 117
조절변수 10
종속변수 10
줄기 및 잎 플롯 70
직접 오블리민 119
집락추출법 13

차
첨도 66
최빈값 64
추정회귀식 128
층화확률추출 13

카
카이제곱(Chi–Square) 독립성검정 82
코딩 규칙 32
코딩 지침 31
크론바흐 알파 110

타
타당도 117
탐색 분석 69
통계적 가설 54

파
패턴행렬 120
평균과 표준편차를 근거한 구간화 44
폐쇄형 질문 18
표본추출 12
표준편차 67
표준화 계수 133
표준화된 회귀계수 128
피어슨(Pearson) 102

하
항목제거시 척도 111
확률추출 방법 13
회귀선 104
히스토그램 70